ESPANHOL PARA VIAGENS

SANDRA DI LULLO ARIAS

ESPANHOL PARA VIAGENS

2ª EDIÇÃO

ELSEVIER

CAMPUS

Editoração Eletrônica: Estúdio Castellani

Revisão Gráfica: Mariflor Brenlla Rial Rocha e Edna Rocha

Projeto Gráfico
Elsevier Editora Ltda.
A Qualidade da Informação.
Rua Sete de Setembro, 111 – 16º andar
20050-006 Rio de Janeiro RJ Brasil
Telefone: (21) 3970-9300 FAX: (21) 2507-1991
E-mail: *info@elsevier.com.br*
Escritório São Paulo:
Rua Quintana, 753/8º andar
04569-011 Brooklin São Paulo SP
Tel.: (11) 5105-8555

ISBN 13: 978-85-352-2113-8
ISBN 10: 85-352-2113-1

Nota: Muito zelo e técnica foram empregados na edição desta obra. No entanto, podem ocorrer erros de digitação, impressão ou dúvida conceitual. Em qualquer das hipóteses, solicitamos a comunicação à nossa Central de Atendimento, para que possamos esclarecer ou encaminhar a questão.

Nem a editora nem o autor assumem qualquer responsabilidade por eventuais danos ou perdas a pessoas ou bens, originados do uso desta publicação.

Central de atendimento
Tel: 0800-265340
Rua Sete de Setembro, 111, 16º andar – Centro – Rio de Janeiro
e-mail: info@elsevier.com.br
site: www.campus.com.br

CIP-Brasil. Catalogação-na-fonte.
Sindicato Nacional dos Editores de Livros, RJ

A744e

Arias, Sandra Di Lullo
Espanhol para viagens : chega de portunhol : não dê vexames e fale corretamente / Sandra Di Lullo Arias. – Rio de Janeiro : Elsevier, 2006 – 2ª Reimpressão.

ISBN 85-352-2113-1

1. Língua espanhola – Compêndios para estrangeiros.
2. Língua espanhola – Palavras e expressões. I. Título.

06-1281. CDD 468.24
CDU 811.134.2'243

Sumário

Introdução

Você está pensando em viajar, em breve, ou quem sabe algum dia, a terras de língua espanhola? E já parou para pensar a quantas anda o seu espanhol? Já aprendeu a dizer mais do que *adiós muchachos; soy loco por ti América; para bailar la bamba; uno, dos, tres, un pasito pa delante María*; *sí, pero no mucho; pero que sí, pero que no; hasta la vista; vida loca etc.*? Em outras palavras, você se considera capaz de falar com os nativos de língua espanhola, sem o perigo, por exemplo, de parar num lugar completamente diferente do que esperava por não ter entendido a informação; sentir que lhe faltaram as palavras na hora de retrucar algum desaforo; pedir um prato, e se deparar com uma comida completamente diferente da que esperava? Para evitar esse tipo de constrangimentos além de outros aos quais um viajante está sujeito em terras estrangeiras, é bom pôr na bagagem um "arsenal lingüístico" com capacidade suficiente para facilitar o seu entendimento com os habitantes do local. Mesmo que se trate de dois idiomas aparentemente semelhantes, como o espanhol e o português, tanto frases oriundas de bordões cinematográficos e estribilhos musicais como outras mais clássicas do tipo *muchas gracias*, *buenos días*, *buenas tardes*, *buenas noches*; *por favor, podría decirme cómo...?*, *¿Sabe usted dónde está la catedral?* não serão suficientes para contornar momentos que requerem maior esperteza e conhecimentos do idioma estrangeiro. Esse é o motivo deste manual lingüístico, elaborado especialmente para brasileiros que cultivam o gosto por viagens, desejam se comunicar com os nativos de língua espanhola, e sabem que a mímica raramente irá permitir uma boa comunicação – principalmente quando se está diante de uma situação que foge aos padrões esperados (como ter que explicar ao recepcionista do hotel, sem descer até a recepção, que a descarga do vaso está quebrada). Neste guia, você vai encontrar frases decisivas para diferentes situações de viagem, acompanhadas de "tradução simultânea" para saber exatamente o que está dizendo e idealizar possíveis diálogos de viagem, além de vocabulário específico, com palavras traiçoeiras (aparentemente semelhantes, mas com significados diferentes nos dois idiomas).

Assim, se você nunca estudou espanhol antes, poderá, com auxílio deste manual se preparar para trocar algumas palavras e reconhecer possíveis falas. Se você já possui algum domínio do idioma, terá a chance de aperfeiçoar os seus conhecimentos lingüísticos. Em qualquer caso, aproveite a ocasião de sua viagem para se aventurar na língua espanhola.

Un abrazo fuerte, habla mucho español, diviértete por dos (tú y yo), y buen, pero ¡¡¡ muy buen viaje!!!

A Autora

Aviso aos passageiros

- Para frases no passado, você poderá encontrar duas possibilidades verbais em espanhol e uma em português. Ex.: Eu vi os dois juntos – *"Yo vi/he visto a los dos juntos.* A forma simples (vi) é mais usada nas Américas e a composta (he visto) na Espanha. Gramaticalmente, elas indicam respectivamente um passado distante e outro recente.

- Há frases em português que utilizam um tratamento informal identificado por meio do vocábulo *você* (*tú* em espanhol), mas empregam o tratamento formal *usted* (equivalente a o/a senhor(o/a) em português). Não vá pensar que tal fato constitui um equívoco. Apenas sinaliza diferenças entre os dois idiomas no uso das formas de tratamento. Em alguns casos, os nativos de espanhol poderão ser mais formais que os brasileiros, ou vice-versa (também deve se considerar que podem existir diferenças no uso das formas de tratamento em diferentes países de língua espanhola).

- Em muitos momentos deste guia você vai se deparar com frases em português que mencionam os pronomes pessoais eu, tu, você nós etc. e sua versão em espanhol que os exclui. Não se trata de algum tipo de esquecimento. É que essas formas tendem a ser mais usadas na língua portuguesa. Ex: Você quer viajar? – *¿Quieres viajar?*

- Você vai encontrar duas formas em espanhol para frases que empregam o gerúndio ou infinitivo com um verbo auxiliar e um pronome. Ex.: Estou lhe escrevendo – *Estoy escribiéndole/Le estoy escribiendo*; Quero te ver – *Quiero verte/Te quiero ver*. Ambas estão corretas. Os pronomes me, te, se, nos, os, le(s), lo(s), la(s) podem vir antes do primeiro verbo ou no final do segundo.

- Lembre que há duas possibilidades em espanhol para o *pretérito imperfecto de subjuntivo*. Ex.: Se eu pudesse, viajaria agora – *Si yo pudiese/pudiera, viajaría ahora*. Ambas estão certas.
- Há casos em que o português utiliza o gerúndio, mas o espanhol prefere o presente do indicativo. Ex.: Já estou indo – *Ya voy*.
- Por vezes você vai encontrar frases em português que não seguem a norma culta, privilegiando a linguagem oral. Por ex.: Te amo em vez de Amo-te.

Parte I

Antes de decolar

Nesta unidade você vai encontrar:

- Um teste de espanhol para você verificar se está pronto(a) para decolar para países de língua espanhola sem riscos de turbulências na comunicação.
- Orientações de pronúncia para afinar o seu espanhol antes de se aventurar em terras estrangeiras.

1 Testando seu espanhol para viagens

Para você saber como andam seus conhecimentos lingüísticos em espanhol antes de viajar a terras de língua espanhola faça o teste a seguir. Possui 20 questões que pedem a construção de uma fala em espanhol. Pode rasurar, apagar, deixar questões em branco, demorar quanto quiser e escrever com lápis ou caneta. Só não vale colar, consultar livros e dicionários, nem roubar pontinhos a seu favor. Ainda que a tentação seja forte e não tenha ninguém olhando, diga: *"No, no voy a hacer eso ahora, sólo más tarde"*. E deixe para pôr a resposta correta após ter lido este guia. Para aferir seu resultado considere que cada questão vale 0,5 pontos. Acima de quinze questões, você ganha o parabéns!; de quatorze a dez, você é capaz de se virar em certas situações; de nove a cinco, você está sujeito a turbulências na comunicação e abaixo de quatro, cuidado!, você está exposto a vôos perigosos. Em qualquer caso, boa sorte!

Questões

Por favor, pode mandar alguém para consertar a torneira, que está pingando, e a pia do banheiro, que está entupida.

Estou passando muito mal. Estou tonto(a), tenho diarréia, coceira no peito, e estou muito fraco(a).

A que horas fecham as lojas?

Por favor, o que faço? O caixa automático engoliu meu cartão de crédito.

Quando eu voltar para o Brasil vou te escrever e mandar as fotos.

Só quero um cafezinho com adoçante.

Poderia mandar mais cabides e outro travesseiro?

Onde posso comprar panelas, colheres, facas, copos, xícaras e taças?

Bati nele porque quis me roubar. Por favor, chame um policial.

Gosto muito de você.

Se eu pudesse, ficaria mais tempo na cidade.

Amanhã de manhã terei que acordar cedo.

Onde tem um banheiro aqui perto?

Quando chegarmos ao hotel vou te telefonar/ligar.

Vou sentir muitas saudades de você.

Acho que o senhor está dando muitas voltas. Já passamos por esta praça antes.

Achei a excursão muito cara e chata.

O que foi? Por que estão todos em pé gritando?

Por favor, vá até a farmácia de plantão e compre este remédio.

Eu sou muito guloso(a) e adoro experimentar pratos diferentes.

Respostas

Por favor, puede mandar a alguien para arreglar la llave del água/el grifo, que está goteando, y el lavamanos/lavabo, que está tapado/atascado.

Me estoy sintiendo/Estoy sintiéndome muy mal. Estoy mareado, tengo diarrea, me pica el pecho, y estoy muy débil.

¿A qué hora cierran las tiendas?

Por favor, ¿qué hago? El cajero automático se ha tragado mi tarjeta de crédito.

Cuando vuelva a Brasil te voy a escribir y mandar/voy a escribirte y mandarte las fotos.

Sólo quiero un cafecito con edulcorante.

¿Podría mandar más perchas/colgadores y otra almohada?

¿Dónde puedo comprar ollas, cucharas, cuchillos, vasos, tazas y copas?

Le pegué porque quiso/ha querido robarme. Por favor, llame a un policía.

Me gustas mucho.

Si yo pudiese/pudiera me quedaría más tiempo en la ciudad.

Mañana de mañana tendré que despertarme temprano.

¿Dónde hay un baño aquí/acá cerca?

Cuando lleguemos al hotel te voy a llamar por teléfono/telefonear.

Voy a echarte mucho de menos/extrañarte mucho.

Creo/Me parece que usted está dando muchas vueltas. Ya hemos pasado por esta plaza antes.

He encontrado/Encontré la excursión muy cara y aburrida.

¿Qué pasa? ¿Por qué están todos parados/de pie gritando?

Por favor, vaya hasta la farmacia de guardia y compre esta medicina/este remedio/medicamento.

Yo soy muy goloso(a) y me encanta probar platos diferentes.

2 No tom do abecê

Antes de decolar para outras terras, dê atenção para o que há de mais básico: o som do *abecê*. É melhor ter um vocabulário pouco extenso, mas bem pronunciado. Pratique os sons, ouça e cante boleros, tangos ou outro estilo de música que for de seu agrado; veja televisão e repita algumas frases ou palavras, enfim, solte a língua do jeito que achar melhor. Se notar seu sotaque de brasileiro, lembre que é charmoso. O importante é atentar para os sons capazes de causar ruídos na comunicação, pois algumas letras têm pronúncias diferentes em espanhol e português. Veja a seguir.

PARA NÃO DESAFINAR NA PRONÚNCIA

As vogais	Pronúncia
a; e; i; o; u	Como *a* em amor; *e* em seu; *i* em ira; *o* no primeiro o de poço; *u* em ruta. Possuem, em geral, um som médio (nem aberto nem fechado).
As consoantes	
B (be)	É semelhante ao *b* em português, porém, costuma ser mais suave, com menor pressão bilabial. PARA PRATICAR: *bolsillo* (bolso), *bajo* (baixo); *debajo* (debaixo); *cabisbajo* (cabisbaixo).

C (ce) — O som suave formado pelas sílabas *ce, ci* varia de acordo com o lugar. Na América pronuncia-se como em português. Na Espanha, pede a ponta da língua entre os dentes, assemelhando-se ao *th* do inglês em *theater*.
PARA PRATICAR: *cerca* (perto, cerca), *cero* (zero), *cemiento* (cimento).

Quando seguida de uma consoante (acción) possui som seco de *k*. Cuidado com o som *ak(i)*. Por exemplo, *pacto* se pronuncia *pak-to* e não *pak(i)-to*.
PARA PRATICAR: *contacto* (contato), *actor* (ator), *detector* (detetor).

Ch (che)* — Lembre da expressão gaúcha *tche*. O som é seco.
PARA PRATICAR: *chancho* (porco); *cachito* (pedacinho); *cachete* (buchecha).

D (de) — Atenção com o som *dji* comum em algumas regiões do Brasil. A pronúncia do *de* é semelhante à produzida em dedo.
PARA PRATICAR: *cadera* (quadril), *delgado* (magro), *despertar* (acordar, despertar).

Também evite o som chiado em sílabas que têm *di*.
PARA PRATICAR: *dinero* (dinheiro), *dirección* (direção, endereço), *adivinar* (adivinhar).

G (ge) — Preste muita atenção. Junto ao *e* e *i*, tem som semelhante ao *r* como em *relógio, riso*. Junto às outras vogais permanece igual ao português.
PARA PRATICAR: *gato, gemelos* (gêmeos); *gitana* (cigana); *gota; gusano* (minhoca).

H (ache) — Em geral é muda.
PARA PRATICAR: *hambriento* (faminto) *prohibido, deshidratar, deshonestidad.*

Junto a *ue* como em *hueso* (osso) se assemelha ao som de *güe* em *agüenta.*
PARA PRATICAR: *huésped* (hóspede); *huerta* (horta); *huele* (cheira).

J (jota) Atenção redobrada quando falar esta letra. Possui sempre o som do *r* dos cariocas como em *rato*, ou do *h* em inglês, como em *house*.
PARA PRATICAR: *jarabe* (xarope), *jefe* (chefe), *jugo* (suco).

L (ele) Evite o som de *ul*, quando o *l* se encontra no final de sílaba, como é usual em algumas regiões do Brasil. O certo é dizer papel com o *l* bem marcado e não *papeul*.
PARA PRATICAR: *cartel* (cartaz, cartel), *panel* (panel), *pastel* (bolo, torta ou tortinhas doces, empadão, torta salgada).

Ll (elle)* Preste muita atenção. Não se pronuncia como *l*. A duplicação do *ll* tem som próprio, que apresenta variações de acordo com alguns países. Tem som de *j*, na Argentina e Uruguai. É mais suave em outros países como no Chile, onde compara-se à pronúncia da expressão *ye-ye-ye* e, em algumas regiões da Espanha, é muito suave, assemelhando-se ao *lh* do português.
PARA PRATICAR: *calle* (rua), *lluvia* (chuva), *callar* (calar).

M (eme) Tente evitar o som nasal junto a vogais e consoantes *p* e *b*. Nesses casos, procure abrir um pouco o som da vogal (mas não exagere).
PARA PRATICAR: *mesa*, *misa* (missa), *mozo* (moço), *campo*, *cambio*.

N (ene) Evite o som nasal quando junto de vogais.
PARA PRATICAR: *comandar, tanto, menta, tormenta* (tempestade), *mentir, montar, corazón* (coração), *canción* (canção), *nada*, *nadie* (ninguém).

Ñ (eñe)* Pronuncia-se igual ao *nh*.
PARA PRATICAR: *niños* (crianças), *mañana* (amanhã, mañana), años *(anos)*.

P (pe)	Pronuncia-se como em português. PARA PRATICAR: *pesadilla* (pesadelo), *porción* (porção).
Q (cu)	Embora o nome da letra soe estranho aos brasileiros, seu som não oferece dificuldades. Pronuncia-se como em português. PARA PRATICAR: *queso* (queijo), *quiero* (quero), *piquito* (biquinho).
R (ere)	Assim como em português, possui som suave no meio ou fim de palavra, como em caro. PARA PRATICAR: *cara* (rosto), *mora* (amora), *paradero* (ponto de ônibus/táxi). Possui som vibrante semelhante ao *r* dos gaúchos ou, então, ao *r* inglês em *red*, quando se encontra no início de palavra. PARA PRATICAR: *ratón* (rato), *respuesta (resposta)*, *ruta* (rota). Da mesma maneira se pronuncia após *l*, *n*, ou *s*. PARA PRATICAR: *alrededor* (ao redor), *enredo* (confusão), *subrayar* (sublinhar); *carretera* (estrada).
Rr (erre doble)*	O r repetido possui sempre som vibrante, forte, como em *red*, em inglês, ou o *rr* dos gaúchos. Ex.: *carretera* (estrada), *curral*, *correr*, *cerro* (morro).
S (ese)	Pronuncie como se fosse *ss*. Evite o som chiado de *sch* presente em algumas regiões do Brasil, e de *z*, como em *casa*. PARA PRATICAR: *molestar* (incomodar), *desilucionar* (desiludir, decepcionar), *desierto* (deserto), *besitos* (beijinhos).
T (te)	Quando formar sílaba com as vogais *e* e *i*, evite o som "chiado" de *tchi*, presente em algumas regiões do Brasil. Pronuncie como na palavra *telefone*. PARA PRATICAR: *derretir* (derreter), *destinar*, *sentimiento* (sentimento).

V (uve)

É semelhante ao *b* do português com menor pressão bilabial. Lembre que em espanhol *b* e *v* se pronunciam da mesma maneira (*ver letra b*). Logo: *voy* em espanhol tem som de *boi*.
PARA PRATICAR: *vaca, volar* (voar), *verano* (verão).

W (uve doble)

Utilizado em palavras estrangeiras incorporadas à língua espanhola, pronuncia-se como em *whisky*.
PARA PRATICAR: *water* (privada – Chile), *sandwich* (sanduíche), *western*.

X(equis)

Tem som de *ss* no início de palavra.
PARA PRATICAR: *xilografía* (silografía).

Possui som de *ks* junto a vogais.
PARA PRATICAR: *éxito*, *extranjero* (estrangeiro), *extraordinario*.

Possui som de um *s* (meio aspirado) quando diante de consoantes.
PARA PRATICAR: *exquisito* (delicioso), *extremo*.

Y (i griega ou ye)

Muita atenção. Junto a vogais tem som semelhante ao *j* do português na Argentina e Uruguai; é suave com som de *gia, gie, gio giu* (semelhante a *yes* em inglês), em outros países.
PARA PRATICAR: *yo* (eu), *yema* (gema de ovo), *yerno* (genro).

Quando não forma sílaba com uma vogal, tem som de *i*.
PARA PRATICAR: *doy* (dou), *soy* (sou), *Uruguay*.

Z (zeta)

O que foi dito para a letra *c* também vale para o *z*. Na Espanha, tem o som do *th* do inglês (como um *s* entre os dentes) e, em outros países, de ss.
PARA PRATICAR: *zapato, zambullida* (mergulho rápido), *tiza* (giz).

* Segundo a REA (Real Academia Española) essas consoantes não integram hoje o alfabeto espanhol, mas dado o intuito fonético desta seção, parece interessante incluí-las, pois além de possuirem denominação própria, têm som característico.

Parte II

Em terras de língua espanhola

Nesta unidade você vai encontrar:

- Uma cartilha com o mínimo (do mínimo) que é necessário saber com frases de sobrevivência para falantes de primeira viagem.
- *O mínimo que é necessário saber para...* com frases úteis para diferentes situações de viagem.
- *O que os brasileiros falam, o que os nativos entendem, ou vice-versa* com palavras e expressões traiçoeiras, que se escrevem ou pronunciam de forma semelhante ou igual em português e espanhol, mas possuem sentidos diversos.
- *Vocabulário extra para...* com palavras ou expressões importantes.
- *O mínimo que o nativo poderá dizer...* para você entender possíveis frases que os nativos de espanhol poderão falar nas diversas situações apontadas em cada capítulo.
- *Dizendo a palavra certa em cada país* com vocábulos que possuem diferentes denominações em países de língua espanhola.

3 Cartilha do falante de primeira viagem

O MÍNIMO (DO MÍNIMO) QUE É NECESSÁRIO SABER EM TERRAS DE LÍNGUA ESPANHOLA

Meu nome é... e meu sobrenome é...	Mi nombre es... y mi apellido es...
Sou brasileiro.	Soy brasilero/brasileño.
Não/sim/pode ser.	No/sí/puede ser.
Que mulher bonita!/Que homem bonito/interesante!	¡Qué mujer bonita/guapa!/ ¡Qué hombre guapo (*Esp. e Am. Central*)/interesante!
Obrigado(a)/Muitíssimo obrigado(a).	Gracias/Muchísimas gracias.
Pode fazer um desconto.	Puede hacer una rebaja.
Preciso de ajuda. Estou perdido(a).	Necesito ayuda. Estoy perdido(a).
Não falo espanhol, só um pouquinho de portunhol.	No hablo español, apenas un poquito de portuñol.
Se falar mais devagarinho, eu entendo.	Si habla más despacito, yo entiendo.
Garçom!/Moça!	¡Mozo!/¡Señorita!
É delicioso!	¡Es exquisito!
Não!/Nem a pau!!	¡No!/¡Ni a palo!

Sim, eu quero! Você quer?	¡Sí, yo quiero! ¿Y tú, quieres?
Maluco(a)!	¡ Loco(a)!
Estou com fome/sede/sono.	Tengo hambre/sed/sueño.
Por favor, onde fica o banheiro?	Por favor, ¿dónde está el baño?
Tá pensando que eu sou bobo!	¡Piensa que soy tonto!
Ladrão! Pega!	¡Ladrón! ¡Agárrenlo!
Chamem a polícia!	¡Llamen a la policía!
Fogo!	¡Fuego!
Fiquei maluco por você!	Me volví/he vuelto loco por ti.
Me dá um beijo... só um beijinho.	Dame un beso... sólo un besito.
Meu Deus!	¡Dios mío!
Por que time você torce?	¿De qué equipo eres hincha?
É meu/minha!	¡Es mío/mía!
Estou passando mal. Chamem um médico, por favor.	Me siento mal. Llamen a un doctor, por favor.
Você pode me indicar um(a) bom/boa restaurante /programa/ discoteque.	Me puedes indicar un(a) buen(a) restaurante/ programa/ discoteca.
O que foi? hein?	¡Qué!, ¿qué pasa? ¿ah?
É a tua!	¡Es la tuya!
É você!	¡Eres tú!

4 Aeroporto

O EMBARQUE, O DESEMBARQUE E ENFRENTANDO PROBLEMAS COM A BAGAGEM

Aeroportos podem ser bonitos, mas têm suas amolações. Que viajante nunca ficou confuso no vaivém do embarque e desembarque, sem saber para qual portão, balcão se dirigir, que documento mostrar, amedrontado com a idéia de perder o avião ou entrar no vôo errado. Atitudes insensatas? Não. Apenas humanas. Além disso, uma coisa é certa: deconhecer a língua local costuma aumentar a sensação de insegurança de qualquer um. Por isso, ainda que você não sofra desse tipo de temores, é melhor saber algumas frases que irão ajudá-lo(a) a enfrentar o circuito burocrático do aeroporto e, se for do tipo mais sensível, a falar (e não chorar!) diante de algum problema. No mais, lembre-se: *¡tranquilito(a), que no pasa nada!*

O MÍNIMO QUE É NECESSÁRIO SABER PARA...

Falar com funcionários da alfândega (embarque e desembarque)	
Bom-dia/Boa-tarde/noite. Que documento o/a senhor(a) precisa?	**Buenos días/Buenas tardes/noches. ¿Qué documento necesita?**
Queria despachar esta mala.	**Quisiera facturar este equipaje.**
Um minuto, sempre fico nervoso(a) antes de subir no avião.	**Un minuto, siempre me pongo nervioso(a) antes de subir al avión.**

Aqui tem o meu passaporte e passagem.	Aquí tiene mi pasaporte y billete.
Onde consta o número da poltrona/do portão/da hora?	¿Dónde consta el número del asiento/de la puerta/de la hora?
Posso levar isto como bagagem de mão?	¿Puedo llevar esto como equipaje de mano?
Onde é a sala de espera?	¿Dónde es la sala de espera?
Onde é o portão [10]	¿Dónde es la puerta [10]?
O avião para... já saiu?	¿El avión para... ya ha partido?
Que papel preciso mostrar?	¿Qué papel tengo que mostrarle?
Aqui está meu cartão de embarque.	Aquí tiene mi tarjeta de embarque.
Vou ficar alguns dias/um mês/não sei ainda.	Me voy a quedar algunos días/un mes/no sé aún.
Vim a passeio/a negócios/estou em trânsito.	Vine/He venido a paseo/a trabajo/estoy en tránsito.
Já vou abrir a mala... espere um minutinho... estou procurando a chave/o papelzinho com a senha.	Ya voy a abrir la maleta... espere un minutito/ratito... estoy buscando la llave/el papelito con la contraseña.
Não tenho nada a declarar.	No tengo nada que declarar.
Não tenho nota fiscal disso. Não sabia que precisava.	No tengo boleta de eso. No sabía que se necesitaba.
O quê? Vou ter que pagar? Quanto?	¿Qué? ¿Voy a tener que pagar? ¿Cuánto?
Mas isso é para uso pessoal. Utilizo no meu trabalho.	Pero eso es para uso personal. Lo utilizo en mi trabajo.
Comprei no Brasil. Não é novo.	Lo compré/he comprado en Brasil. No es nuevo.

Esqueci de registrar.	Se me olvidó/ha olvidado registrarlo(a).
Fazer o quê, né? Se é assim...	¿Qué se le va a hacer, no? Si es así...
Posso fechar a mala?	¿Puedo cerrar la maleta?
Está bem, obrigado(a).	Bueno, gracias.

Problemas com a mala

Por favor, onde tem que ir para retirar as malas do vôo... ?	Por favor, ¿dónde hay que ir para recoger las maletas del vuelo... ?
Minha mala chegou rasgada.	Mi maleta ha llegado rota.
Minhas malas não estão aqui/extraviaram-se. O que faço agora?	Mis maletas no están aquí/se extraviaron. ¿Qué hago ahora?
Onde posso reclamar?	¿Dónde puedo reclamar?
Não estão em nenhuma esteira.	No están en ninguna cinta de recogida.
Minha mala é marrom/vermelha/preta/cinza/branca e tem rodinhas. É nova/com pouco uso.	Mi maleta es marrón, roja, negra/gris/blanca y tiene rueditas. Es nueva/poco usada.
Preciso das minhas roupas e medicamentos.	Necesito mis ropas y medicinas.
Para onde seguiu vôo o avião?	¿Para dónde siguió vuelo el avión?
Como vão resolver o meu problema?	¿Cómo van/vais a resolver mi problema?

O QUE OS BRASILEIROS FALAM, O QUE OS NATIVOS ENTENDEM, OU VICE-VERSA

- Não vá dizer para um carregador ou outra pessoa para botar algum objeto seu, como sua mala de viagem em algum lugar, pois você não irá gostar do resultado caso o moço resolva levar seu pedido a sério. Para os nativos de espanhol, *botar* significa jogar fora. Já pensou em sua mala indo parar no lixo? No sentido de botar pode empregar *poner*. Ex.: *¿Dónde pongo esto?* – Onde ponho isto?
- Se for se referir à sua mala, lembre que essa palavra em espanhol não faz referência ao utensílio de viagens onde você carrega seus pertences. Quer dizer má (*ver também página* 23).
- Não ria se algum nativo de espanhol apontar para a aeromoça e chamá-la de *azafata*. Embora o som lembre as palavras "a safada", não é nada disso que ele está querendo dizer. Trata-se tão-somente da denominação dada em língua espanhola à comissária de bordo.

VOCABULÁRIO EXTRA PARA...

Aeroportos

aeromoça	azafata
aterrissagem (forçada)	aterrizaje (forzoço)
apertar os cintos	abrocharse los cinturones
avião (a jato)	avión (a reacción)
bagagem (de mão)	equipaje (de mano)
a passagem	el billete
classe econômica	clase turista
chegada	llegada
colete salva-vidas	chaleco salvavidas
decolar	despegar

linha aérea	linea aérea
lugar vago	plaza libre
excesso de bagagem	exceso de equipaje
mercadorias isentas de impostos	mercancías libres de impuestos
partida	salida
passageiro(a)	pasajero(a)
passagem ida e volta	pasaje ida y vuelta
primeira classe	primera clase
taxa de embarque	tasa de embarque
tripulação	tripulación
vôo (de volta)	vuelo (de regreso)

O MÍNIMO QUE O NATIVO PODERÁ DIZER...

Durante o embarque e desembarque

Su pasaporte/identidad/pasaje, por favor.	Seu passaporte/sua identidade/passagem, por favor.
¿Va a facturar el equipaje?	Vai despachar a bagagem?
Su tarjeta de embarque y etiqueta para el equipaje de mano.	Seu cartão de embarque e etiqueta para a bagagem de mão.
¿Tiene algo que declarar?	Tem algo a declarar?
Éste es el billete de vuelta no el de ida.	Esta é a passagem de volta, não a de ida.
Es un papel amarillo.	É um papel amarelo.
¿Cuánto tiempo se va a quedar/va a quedarse?	Quanto tempo vai ficar?
Vaya en esa dirección. Siga al grupo de pasajeros.	Vá nessa direção. Siga o grupo de passageiros.

Abra la maleta, por favor.	Abra a mala, por favor.
¿Por qué lleva tantas unidades del mismo producto?	Por que leva tantas unidades do mesmo produto?
¿Declaró/Ha declarado la cámara de filmar?	Declarou a câmara de filmar?
¿Tiene la boleta de compra?	Possui a nota fiscal de compra?
Por este producto debe pagar impuestos.	Por este produto deve pagar impostos.
Por favor, haga el pago en el mostrador a su derecha/izquierda.	Por favor, faça o pagamento no balcão à sua direita/esquerda.
Por favor, hágase a un lado para cerrar la maleta.	Por favor, chegue para o lado para fechar a mala.
Buen viaje.	Boa viagem.

Em caso de mala perdida

¿Ya ha verificado si no está en otra cinta de recogida?	Já verificou se não se encontra em outra esteira para recolhimento de bagagens?
Por favor, vaya hasta el mostrador de la compañía aérea.	Por favor, vá até o balcão da companhia aérea.
Baje la escalera y doble a la derecha/izquierda.	Desça a escada e vire à direita/esquerda.
Su billete, por favor.	Sua passagem, por favor.
¿Tiene usted el talón/la etiqueta de facturación de su equipaje?	O/A senhor(a) tem o cartão/a etiqueta da fatura de sua bagagem?
¿Cómo es la maleta?	Como é a mala?
¿Hizo la declaración de algún objeto de valor?	Fez a declaração de algum objeto de valor?

La compañía no se hace responsable por medicinas. Sólo por artículos de ropa y aseo.	A companhia não se responsabiliza por remédios. Só por artigos de vestuário e asseio.
Si no hizo la declaración no podrá reclamar objetos de valor.	Se não fez a declaração não poderá reclamar objetos de valor.
Rellene esta hoja para parte de irregularidades con el equipaje.	Preencha esta folha para denúncia de irregularidades com a bagagem.
Tiene que esperar um periodo de hasta 48 horas para que le podamos dar una respuesta sobre su equipaje.	Tem que esperar um período de até 48 horas para que possamos dar uma resposta sobre sua bagagem.
Recibirá una indemnización por día equivalente a... para adquisición de artículos necesarios de ropa y aseo.	Receberá uma indenização por dia equivalente a... para aquisição de artigos de vestuário necessários e asseio.

DIZENDO A PALAVRA CERTA EM CADA PAÍS

- De forma geral, a mala recebe o nome de *maleta*. No entanto, na Argentina e no Uruguai denomina-se *valija*. Logo: *¿Dónde está mi maleta/valija?* – Onde está a minha mala?.
- Na Argentina e no Uruguai, emprega-se o verbo *agarrar* no sentido de pegar. Na Espanha, diz-se *coger* (som de ge = rre como pronunciado por um carioca). Em outros países o usual é o verbo *tomar*. Lembre bem dessas designações para não cometer uma gafe séria e dizer *coger* na Argentina e Uruguai, pois, nesses países, o termo refere-se ao ato sexual. O termo *tomar* na Espanha quer dizer beber.

5 Hotel

A ENTRADA, A SAÍDA E ENFRENTANDO PROBLEMAS COM A RESERVA

Imagine a situação perfeita: você chega ao hotel, fala seu nome para a recepcionista, que lhe pede para preencher a ficha, entrega as chaves ou o cartão, informa o horário em que é servido o café-da-manhã e lhe pergunta se quer ajuda com as malas. Agora, em lugar dessa cena simpática, pense na seguinte (e possível) situação: após dizer seu nome, a moça começa a revirar fichas, vai até o computador, pede a sua confirmação, telefona para outro setor, chama um colega, pergunta algo para uma outra pessoa, formam todos uma rodinha, trocam algumas palavras entre si e olham para você, que faz expressão de interrogação. Então, um deles caminha em sua direção, e diz: *No tenemos ninguna reserva a su nombre*. Por mais que sinta vontade de gritar, ameaçar, xingar, ou outro comportamento menos civilizado, mantenha a calma. Como diz o ditado, conte até dez (*uno, dos, tres, cuatro, cinco, seis, siete, ocho, nueve, diez*). Depois, procure com a ajuda de algumas das frases abaixo resolver o problema. Não irão lhe faltar palavras.

☛ O MÍNIMO QUE É NECESSÁRIO SABER PARA...

O momento da entrada	
Tem quartos livres?	¿Tiene habitaciones disponibles?
Queria um quarto simples/duplo.	Quisiera una habitación simple, individual/doble.

Tem ar-condicionado/calefação/ banheiro?	¿Tiene aire acondicionado/ calefacción/baño?
Quanto custa por noite/semana?	¿Cuánto cuesta por noche/semana?
Está incluído o café-da-manhã?	¿Está incluído el desayuno?
O bebê paga?/Tem desconto para crianças?	¿El bebé paga?/¿Hay descuento para niños?
Não tem nada mais barato?	¿No hay nada más barato?
Posso ver o quarto?	¿Puedo ver la habitación?
Está bem, ficarei com ele.	Está bien, me quedaré con esta.
Vou ficar (por volta de)... dias.	Voy a quedarme/Me voy a quedar (cerca) de... días.
Meu passaporte.	Mi pasaporte.
¿Puede prestarme/Me puede prestar un bolígrafo, por favor?	Pode me emprestar uma caneta, por favor?

Casos de confusão com a reserva

Fiz uma reserva para hoje no nome de...	Tengo una reserva para hoy a nombre de...
Como não? A reserva foi feita por telefone/fax semana passada.	¿Cómo que no? La reserva ha sido hecha por teléfono/fax la semana pasada.
Olhe só, aqui está a confirmação.	Mire, aquí tiene el bono.
É um quarto de casal/duplo/simples.	Es una habitación de matrimonio/doble/individual.
Mas que confusão, não? E o que vão fazer agora?	¿Pero que lío, no? ¿Y qué van a hacer ahora?
Eu não tenho culpa se só tem quartos mais caros. Eu só posso pagar o combinado.	Yo no tengo culpa si sólo hay habitaciones más caras. Yo sólo puedo pagar lo acordado.

Fico calmo(a) se me derem uma solução.	Me tranquilizo si me dan una solución.
Só tem esse tipo de quarto?	¿Sólo tiene ese tipo de habitación?
Não gostei. É muito escuro/pequeno/barulhento/feio. Vou morrer de frio/calor. A cama é de solteiro e eu quero uma de casal/não tem televisão.	No me gusta. Es muy oscura/chica/ruidosa/fea. Me voy a morir de frío/calor. La cama es de soltero y yo quiero una de matrimonio/no tiene televisor.
Deveria receber algum tipo de recompensa por parte do hotel. Além de me oferecerem um quarto de categoria inferior, quase me mataram de susto.	Tendría que recibir alguna compensación por parte del hotel. Además de ofrecerme una habitación de categoría inferior, casi me mataron de un susto.
Sugiro um acordo: fico nesse quarto de categoria inferior por hoje, mas vocês me oferecem um jantar para duas pessoas de graça. Tá?	Sugiero un acuerdo: me quedo en esta habitación de categoría inferior por hoy, pero ustedes me ofrecen una cena para dos personas gratis. ¿Sí?

O momento da saída

Poderia dar a minha conta?	¿Podría darme mi cuenta?
A que horas devo desocupar o quarto?	¿A qué hora debo desocupar la habitación?
Posso deixar minha bagagem e retirá-la mais tarde?	¿Puedo dejar mi equipaje y retirarlo más tarde?
Tem algum problema com essa conta.	Hay algún problema con esta cuenta.
Eu não pedi../não comi.../não consumi nada do frigobar.	Yo no pedí.../no comí.../no consumí nada del minibar.
Tinha esquecido que eu tinha bebido [umas cervejas].	Me había olvidado que me había tomado [unas cervezas].

Aceitam cartão de crédito?	¿Aceptan tarjeta de crédito?
Alguém pode ir pegar a bagagem?	¿Alguién puede ir a buscar el equipaje?

O QUE OS BRASILEIROS FALAM, O QUE OS NATIVOS ENTENDEM, OU VICE-VERSA...

- Varanda lembra o vocábulo espanhol *baranda*, que significa grade. Se quiser falar varanda, diga *terraza* e se for sacada, o certo é *balcón*.
- Não estranhe se no hotel lhe perguntarem se deseja *una habitación con cama de matrimonio*. É que em espanhol o termo *matrimonio* é utilizado no sentido de casal. Por exemplo, se você quiser fazer a seguinte reclamação: O casal do quarto de cima faz muito barulho, pode dizer: *El matrimonio de la habitación de arriba hace mucho ruído*. Mas lembre que matrimonio se refere tão-somente ao casal que já contraiu matrimônio, pois se eles forem solteiros o correto é *pareja*.
- Ao preencher a ficha de entrada no hotel lembre que *fecha* significa data. Logo *fecha de nacimiento* quer dizer data de nascimento. Além disso, *apellido* significa sobrenome e, a título de curiosidade, *sobrenombre* quer dizer apelido.

VOCABULÁRIO EXTRA PARA...

Quarto de hotel

simples	simple/individual
duplo	doble
casal	matrimonio
com vista para o mar	con vistas al mar
de frente	en la parte delantera
de fundos	en la parte trasera
em andar alto/baixo	en un piso alto/bajo

com cama extra	con cama supletoria
com berço	con cuna
com banheiro	con baño
com sacada/varanda	con balcón/terraza
com ar-condicionado/calefação	con aire acondicionado/calefacción

Objetos no quarto do hotel

abajur	lámpara
almofada	cojín
aquecedor	calefacción
ar-condicionado	aire condicionado
cabides	colgadores/perchas
cadeira	silla
campainha	timbre
cartaz	cartel
cobertor	frazada
colcha	colcha/cubrecama
colchão	colchón
controle remoto	mando a distancia
chuveiro	ducha
conta	cuenta/factura
copo	vaso
criado-mudo	mesita de noche/velador
espelho	espejo
fechadura	cerradura
fronha	funda
gaveta	cajón
interruptor	interruptor/switch

janela	ventana
lâmpada	lámpara/bombilla/ampolleta
espelho	espejo
maçaneta	picaporte
tomada	enchufe
pia	lavatorio
privada	inodoro/wáter
geladeira	refrigerador/nevera
tapete	alfombra
televisão	televisor
tranca	pestillo
ventilação	ventilación
voltagem	voltaje

O MÍNIMO QUE O NATIVO PODERÁ DIZER...

Na entrada	
Tenemos una habitación simple, individual/doble... en el... piso.	**Temos um quarto simples/duplo... no... andar.**
Tal vez se desocupe otra habitación en la parte delantera, pero el matrimonio no aseguró si saldría hoy.	**Talvez desocupe outro quarto de frente, mas o casal não deu certeza que sairia hoje.**
Cuesta... pesos/pesetas/dólares/euros por noche, con desayuno.	**Custa... pesos/pesetas/dólares/euros por noite, com café-da-manhã.**
¿Quiere verla?	**Quer dar uma olhada?**
¿Va a quedarse/Se va a quedar?	**Vai ficar?**

Se não houver problemas com a reserva

Es una habitación individual/ doble... cinco noches, ¿verdad?	É um quarto simples/duplo ... cinco noites, certo?
¿Tiene el carnet de identidad/ pasaporte?	Tem o carnê de identidade/ passaporte?
Rellene esta ficha con sus datos, por favor.	Preencha esta ficha com seus dados, por favor.
Gracias, ahora lo/la acompañan a su habitación.	Obrigado, vão acompanhá-lo(a) até seu quarto.

Se houver problemas com a reserva

¿Su nombre y apellido, por favor?	Seu nome e sobrenome, por favor?
¿Me permite su bono, por favor?	Tem a confirmação da reserva?
Un minutito, por favor.	Um minutinho, por favor.
Lamento informarle/Le lamento informar, pero no tenemos ninguna reserva a su nombre.	Lamento informar, mas não temos nenhuma reserva com seu nome.
No sé decirle/No le sé decir qué pasó/ha pasado.	Não sei lhe dizer o que aconteceu.
La única habitación que podemos ofrecerle/le podemos ofrecer es de categoria inferior a la que había solicitado.	O único quarto que podemos lhe oferecer é de categoria inferior ao que tinha solicitado.
Bueno, el precio es más barato.	Bom, o preço é mais barato.
Hay una habitación en la parte trasera, en el cuarto piso, y otra en el piso dieciocho.	Tem/há um quarto de fundos, no quarto andar, e outro no décimo oitavo andar.

Reconocemos que usted tiene razón, pero, lamentablemente, no podemos ofrecerle/le podemos ofrecer en este momento algo mejor.	**Reconhecemos que o/a senhor(a) tem razão, mas, infelizmente, não podemos lhe oferecer neste momento algo melhor.**
Disculpe lo ocurrido, vamos a ver lo que podemos hacer para corregir el problema.	**Desculpe o ocorrido, vamos ver o que podemos fazer para corrigir o problema.**

Na saída

Un momento ya le veo su cuenta.	**Um momento, já entrego a sua conta.**
¿Consumió algo del minibar?	**Consumiu alguma coisa do frigobar?**
¿Cómo va a pagar?	**Como vai pagar?**
¿Quiere que alguien vaya a buscar su equipaje?	**Quer que alguém vá pegar sua bagagem?**
Puede dejar las maletas en el/la...	**Pode deixar as malas no/na...**
¿Quiere un táxi?	**Quer um táxi?**
Buen viaje.	**Boa viagem.**

DIZENDO A PALAVRA CERTA EM CADA PAÍS

- Na Espanha a lâmpada recebe o nome de *bombilla*. Em outros países é *ampolleta*.
- *Grifo* significa torneira na Espanha. Em outros países recebe o nome de *llave del agua*.

FAZENDO PEDIDOS E RECLAMAÇÕES POR TELEFONE

Após mais uma ronda turística pela cidade, você chega no quarto do hotel e decide tomar um bom banho para relaxar antes da próxima empreitada turística. Quando está prestes a entrar no chuveiro, verifica que não tem sabonete, a torneira de água quente não funciona, e esqueceram de pôr a toalha de banho. Telefona para a recepção e tenta explicar o ocorrido, mas ninguém consegue entendê-lo(a). O que você faz?

( ) Desiste de tomar banho.
( ) Toma banho frio, usa xampu em lugar de sabonete, e se seca com a toalha de rosto.
( ) Veste-se adequadamente e desce até a recepção para reclamar.
( ) Telefona para a recepção, grita *socooorro* e desliga, esperando que alguém venha acudi-lo(a) imediatamente.

Caso a sua opção preferida não seja nenhuma das anteriores, marque algumas frases a seguir que possam ajudá-lo(a) de forma mais adequada.

☛ O MÍNIMO QUE É NECESSÁRIO SABER PARA...

Falar com a recepção por telefone	
Alô, por favor...	Hola, por favor...
... não tem [toalhas/cobertor/ cabides].	...no hay [toallas/frazada/ colgadores].
...a persiana não sobe nem desce.	...la persiana no sube ni baja.
...não posso abrir a janela.	...no puedo abrir la ventana.
...a luz não acende.	...la luz no enciende.
...os vizinhos de cima/do lado estão fazendo muito barulho e já é muito tarde.	...los vecinos de arriba/del lado están haciendo mucho ruido y ya es muy tarde.

...suba correndo. Acho que alguém precisa de ajuda no corredor/quarto ao lado.	**...suba corriendo. Creo que alguien necesita de ayuda en el pasillo/la habitación del lado.**
...o restaurante entrega comida após a meia-noite?	**...¿el restaurante entrega comida después de la medianoche?**
...preciso de mais [um travesseiro].	**...necesito de [una almohada más].**
...não há toalhas de banho no banheiro, só de rosto.	**...no hay toallas grandes en el baño, sólo para la cara.**
...a tomada do banheiro não funciona.	**...el enchufe del baño no funciona.**
...não há água quente e tenho que tomar banho agora porque vou sair logo.	**...no hay agua caliente y tengo que bañarme ahora porque voy a salir luego.**
...pode me mandar papel higiênico/sabonete?	**...¿puede mandarme/me puede mandar papel higiénico/jabón?**
...tem/há alguém que possa vir até aqui agora?	**¿Hay alguien que pueda venir hasta acá ahora?**
...esqueceram de arrumar o quarto.	**...se olvidaron de arreglar la habitación.**
...vocês têm papel de carta/envelopes?	**...¿ustedes/vosotros tienen/tenéis papel de carta/sobres?**
...poderia trocar os lençóis? Parecem sujos.	**...¿podría cambiar las sábanas? Parecen sucias.**
...pode me arrumar um cinzeiro/fósforos?	**...¿puede conseguirme/me puede conseguir un cenicero/fósforos?**
...a pia está entupida.	**...el lavabo/lavamanos está tapado.**
...a torneira está pingando.	**...la llave del agua está goteando.**

...o relógio despertador não funciona. Poderia me acordar amanhã às 7:30h?	...el reloj despertador no funciona. ¿Podría despertarme/Me podría despertar mañana a las 7:30 hs?
...como faço para ligar para o [Brasil] direto/a cobrar?	...¿cómo hago para llamar a [Brasil] con discado directo/con cobro revertido?

O QUE OS BRASILEIROS FALAM, O QUE OS NATIVOS ENTENDEM, OU VICE-VERSA...

- *Baño* quer dizer banheiro. Logo, a frase: *Estoy en el baño* significa Estou no banheiro e não, como poderia se supor, Estou tomando banho. Nesse caso, o certo é: *Me estoy bañando/Estoy bañándome.*
- Embora o substantivo *almohada* lembre almofada em português, na língua espanhola significa travesseiro. Se quiser dizer almofada fale *cojín,* lembrando de pronunciar o *j* como se fosse o *rr* dos cariocas.

VOCABULÁRIO EXTRA PARA...

Pedidos por telefone

poderia...	podría...
...chamar (um médico)	...llamar a (un doctor)
...costurar um/uma...	...coser un/una...
...falar com a arrumadeira para...	...decirle a la camarera que...
...fazer (a cama)	...hacer (la cama)
...lavar um/uma...	...lavar un/una...

...ligar para...	...telefonear/llamar por teléfono a...
...limpar (o quarto)	...limpiar (la habitación)
...me acordar	...despertarme
...me avisar...	...avisarme...
...passar (uma calça)	...planchar (un pantalón)
...pedir (um táxi) para...	...pedir (un taxi) para...
...pregar (um botão)	...coser (un botón)
...trazer (linha e agulha)	...traer (linea y aguja)
consertar (a torneira)	arreglar (la llave del agua).

☺ O MÍNIMO QUE O NATIVO PODERÁ DIZER

Hola, ¿qué desea?/¿en qué puedo atenderlo(a)?	Alô, o que deseja/em que posso ajudá-lo(a)?
Sí señor/señora.	Sim senhor/senhora.
Disculpe, se lo(a) arreglarán ahora mismo.	Desculpe, consertaremos agora mesmo.
Vou mandar a/o camareira(o).	Voy a mandar a la/al camarera(o).
Não temos serviço de restaurante à noite.	No tenemos servicio de restaurante por la noche.
Disculpe, no entiendo. Puede repetir/decirmelo en inglés.	Desculpe, não entendi. Pode repetir/falar em inglês.
¿Puede bajar a la recepción?	O/A senhor(a) pode descer até a recepção?
¿Desea algo más?	Deseja mais alguma coisa?

DIZENDO A PALAVRA CERTA EM CADA PAÍS

- Algumas expressões usadas ao telefone recebem formas diferenciadas. Para iniciar a conversa telefônica na Argentina e Uruguai diga ¡Hola!; na Espanha, ¡Dígame! Na Colômbia e Chile, ¡Aló! e em Cuba ¡Oigo!/¡Sí!/¡Diga! Quando a linha está ocupada, não fique confuso(a) se ouvir a expressão *el teléfono comunica* na Espanha. Em outros países, é comum dizer *El teléfono está ocupado* ou fala-se em *tono de ocupado* por oposição a *tono de llamada*.

6 Itinerários e transportes

ERRANDO E ACERTANDO O CAMINHO

Em geral, só o mapa da cidade não é suficiente para o viajante achar o rumo certo num lugar desconhecido. Por isso, torna-se imprescindível saber como pedir orientações. Também, óbvio, deve-se ser capaz de compreender as explicações dos nativos para não correr o risco, por exemplo, de confundir *derecho* (reto) com *derecha* (direita) e virar nessa direção, indo parar num lugar totalmente diferente do pretendido. Para não cair nessas ciladas ou ter que limitar a conversa ao ato de abrir o mapa da cidade, sorrir e deslizar o indicador pelo mesmo, enquanto diz *tú y yo aquí..., hotel... calle, ¡mira! ... un, dos, tres pasito... delante... shopping, sí... un pasito ... tras... ¿bueno?* veja as sugestões a seguir.

☛ O MÍNIMO QUE É NECESSÁRIO SABER PARA...

Achar o rumo certo	
Por favor, onde fica a rua... ?	Por favor, ¿dónde es la calle... ?
É longe ou perto?	¿Es lejos o cerca?
O que acha? É melhor ir a pé/ de ônibus/de táxi/ de metrô?	¿Qué cree? ¿Es mejor ir a pie/en bus/en taxi/en metro?
Eu tenho um mapa da cidade. Pode me mostrar onde fica?	Yo tengo un mapa de la ciudad. ¿Me puede mostrar/ Puede mostrarme dónde es?

Vamos ver, nós estamos bem aqui e a rua... fica no bairro...	Vamos a ver, nosotros estamos justo aquí y la calle... está en el barrio...
Tenho que caminhar em direção ao centro/litoral?	¿Tengo que caminar hacia el centro/la costa?
Existe outro ponto conhecido perto desse endereço pelo qual eu possa me guiar?	¿Hay otro punto conocido cerca de esa dirección por el que me pueda guiar?
Então ando três quarteirões, depois viro à direita/esquerda, ando mais ou menos uns oito quarteirões, vou passar por uma igreja grande, depois por uma praça, e quando chegar no posto de gasolina pergunto novamente. É isso?	Entonces camino tres cuadras, después doblo a la derecha/ izquierda, camino más o menos unas ocho cuadras, voy a pasar por una iglesia grande, después por una plaza, y cuando llegue a la estación de servicio pregunto otra vez. ¿Eso es?
Onde é o ponto de ônibus/táxi?	¿Dónde es el paradero/la parada de bus/colectivos/taxi?
Que ônibus eu pego?	¿Qué bus/colectivo tomo/agarro?
Está bem, obrigado(a).	Está bien, gracias.

O QUE OS BRASILEIROS FALAM, O QUE OS NATIVOS ENTENDEM, OU VICE-VERSA...

- Endereço possui o mesmo som que *enderezo* em espanhol, que vem do verbo enderezar (endireitar/desentortar). Logo, não esqueça, quando perguntar por um endereço, utilize a palavra *dirección*. Ex.: *¿Puedes darme tú dirección?* – Pode me dar seu endereço?
- O que quer dizer a frase *La calle está cerca.* Se disse a rua está perto, acertou. Embora o substantivo *cerca* com sentido de grade exista em espanhol, a frase anterior faz referência ao advérbio perto. Ex.: *Ya estamos bien cerquita* – Já estamos bem pertinho; *La cerca está cerca* – A cerca está perto.

VOCABULÁRO EXTRA PARA...

Direções

à direita/esquerda...	a la derecha/izquierda...
em frente à/ao...	delante de la/del...
em direção a/ao...	hacia la/el...
quarteirão/quarteirões	cuadra(s)
sempre reto	siempre/todo derecho
virar à...	doblar a la...

Lugares

açougue	carnicería
banco	banco
cabeleireiro	peluquería
cinema	cine
teatro	teatro
delegacia	comisaría
igreja	iglesia
jornaleiro	quiosco de periódicos
livraria	librería
loja	tienda
museu	museo
padaria	panadería
ponto de ônibus/táxi	paradero de buses/taxis
praça	plaza
praia	playa
posto de gasolina	estación de servicio
quiosque	quiosco
shopping	shopping/centro comercial
universidade	universidad

Transportes

de avião	por/en avión
de bicicleta	en bicicleta
a cavalo	a caballo
de carro	en auto/automovil/coche
de navio	en barco
de ônibus	en bus
a pé	a pie
de táxi	en taxi
de trem	en tren

☺ O MÍNIMO QUE O NATIVO PODERÁ DIZER...

Camine [dos] cuadras más y doble a la derecha/izquierda.	Ande mais [dois] quarteirões e vire à direita/esquerda.
Es mejor ir en bus o taxi.	É melhor ir de ônibus ou táxi.
¿Tiene/tienes un mapa? Bueno, entonces déjeme/déjame echarle una mirada.	O/A senhor(a)/Você tem um mapa? Bom, então deixe/deixa dar uma olhada.
A ver, estamos aquí, en este punto del mapa.	Vamos ver, estamos aqui, neste ponto do mapa.
Es cerca/lejos de esta calle.	É perto/longe desta rua.
Puede tomar/agarrar el bus/colectivo [448] y bajarse en [Alameda]. Es sólo preguntarle al conductor.	Pode pegar o ônibus [448] e saltar em [Alameda]. É só perguntar ao motorista.
Bueno, yo voy con usted/ contigo hasta allá.	Bom, eu vou com o/a senhor(a)/ você até lá.
Quer ver mais um endereço?	¿Quiere/ver otra dirección más?
Buena suerte.	Boa sorte.

DIZENDO A PALAVRA CERTA EM CADA PAÍS

- Ônibus recebe diversos nomes em diferentes países. Na Argentina e no Uruguai diz-se *colectivo*. *Micro* é comum na Bolívia, Chile e Paraguai. *Bus* é usual na Colômbia, Nicarágua, Honduras e Panamá. *Guagua* é o termo empregado em Cuba, Porto Rico e República Dominicana. *Autobús* é a denominação dada na Espanha. *Camión* é a designação mexicana. Além disso, o ônibus de tamanho menor, no Chile, recebe o nome de *liebre* e, por mais estranho que possa parecer, na Venezuela diz-se *buseta* (pronúncia do s = c em português). Portanto, não fique pasmo diante da expressão *parada de busetas*. Trata-se tão-somente do ponto de ônibus.
- Na Argentina, chama-se *subte* ao metrô. O termo é uma abreviação de *subterraneo*.
- *Coche* deve ser empregado para designar o carro na Espanha, mas cuidado com seu uso em países da América Latina, onde significa carrinho de bebê. Nesse caso, é melhor dizer *automóvil*.
- Enquanto os espanhóis preferem o verbo *conducir* os latino-americanos preferem *manejar* no sentido de dirigir.
- No sentido de calçada lembre que em Espanha se usa o termo acera e na América Latina *vereda*.
- A palavra *semáforo*, usual nas Américas para se referir ao sinal de trânsito, é pouco comum em Madri, onde se escuta falar com maior freqüência em *luces de tráfico* e em particular no *disco en amarillo* (amarelo), *rojo* (vermelho) ou *verde*.

7 Loja

ADQUIRINDO NOVOS *MODELITOS*

Viajantes são compradores em potencial e por isso muito bem-vindos em lojas. Se por um lado costumam receber atenção especial, por outro têm que saber como lidar com vendedores sorridentes e com ótima disposição para lhe mostrar tudo que estiver à venda na loja. Por isso, afine seu vocabulário para esse momento e guarde na manga da camisa algumas frases importantes que possam ajudá-lo(a) nessa situação. No mais, ¡*buenas compras!*

O MÍNIMO QUE É NECESSÁRIO SABER PARA...

Não cair em conversa de vendedores	
Estou só olhando. Obrigado(a).	Estoy mirando solamente. Gracias.
Não, obrigado(a). Agora não vou comprar nada. Não tenho dólares. Amanhã eu volto.	No, gracias. Ahora no voy a comprar nada. No tengo dólares. Mañana vuelvo.
Pode me mostrar o vestido que está na vitrine e a bolsa preta.	Me puede mostrar/Puede mostrarme el vestido que está en la vitrina/el escaparate y el bolso negro.
Nossa, como trouxe roupa! Eu só quero ver o vestido e a bolsa.	Oye/Oiga, ¡qué me has/ha traído ropa! Sólo quiero ver el vestido y el bolso.

É, são lindos, mas nem vou experimentar porque já estou com a mala cheia.	Sí, son lindos, pero ni me los voy a probar/voy a probármelos porque ya tengo la maleta llena.
Não quero comprar outra mala.	No quiero comprar otra maleta.
Tem outras cores do vestido?	¿Tiene otros colores del vestido?
Não gosto desse modelo. Acho que está fora de moda.	No me gusta ese modelo. Me parece fuera de moda.
Não vi ninguém usando esse tom na rua.	No vi/he visto a nadie usando este tono en la calle.
É, a blusa é linda, mas já tenho uma muito parecida.	Sí, la blusa es linda, pero ya tengo una muy parecida.
Vou experimentar o vestido na cor preta. Tamanho 40/42/44/46/48.	Voy a probarme el vestido en negro. Talla 40/42/44/46/48.
Onde fica o provador?	¿Dónde está el probador?
Não consigo fechar o fecho.	No puedo cerrar el cierre.
Ficou grande/pequeno(a)/largo(a)/apertado(a)/curto(a)/comprido(a).	Me quedó/ha quedado grande/chico(a)/ancho(a), apretado(a)/corto(a)/largo(a).
Não veste bem.	No viste bien.
Não gostei da faixa.	No me gusta la faja.
Mal posso respirar/me mexer/abaixar/sentar/esticar a perna/o braço.	Apenas puedo respirar/moverme/agacharme/sentarme/estirar la pierna/el brazo.
Deixe eu ver um número maior/menor.	Déjeme ver una talla mayor/menor.
Então vou levar só o cinto.	Entonces me voy a llevar/voy a llevarme sólo el cinturón.
Cuanto custa?	¿Cuánto cuesta?

Pode fazer um desconto? Vou pagar a vista.	¿Puede hacerme/Me puede hacer una rebaja? Voy a pagar al contado.
Posso pagar com cartão de crédito? E parcelado?	¿Puedo pagar con tarjeta de crédito? ¿Y a plazo?
Não, mais nada. Obrigado(a).	No, nada más. Gracias.

O QUE OS BRASILEIROS FALAM, O QUE OS NATIVOS ENTENDEM, OU VICE-VERSA...

- O que quer dizer *el vestido es largo*? Se você disse: O vestido é largo, enganou-se. Esse vocábulo em espanhol quer dizer comprido. Logo, significa: O vestido é comprido.
- O que significa: *No me gusta la franja del vestido*? Se disse: Não gosto da faixa do vestido, você acertou. *Franja* significa faixa. E se quiser falar franja em espanhol, o certo é *flecos*.
- Se um vendedor sugerir que leve *un par de zapatillas para su marido*, não pense que ele está de gozação com você (ou seu marido). Ele está lhe oferecendo um par de tênis.

VOCABULÁRIO EXTRA PARA...

Vestuário

anel	anillo
blusa	blusa
bolsa/bolsa pequena de festa	bolso/cartera
botão	botón
brincos	aros/aretes
cachecol	bufanda
calcinha	calzones/bombachas
calção de banho	traje de baño
camisa	camisa
camisola	camisón

capa de chuva	impermeable
casaco	chaleca/suéter
calças	pantalones
chapéu	sombrero
cinta	faja/braga
cinto	cinturón
colar	collar
colete	chaleco
cueca	calzoncillos
de algodão/camurça/cetim/couro/crepe/lã/linho/renda/tule/veludo/veludo cotelê	de algodón/gamuza/raso/cuero/crepé/lana/lino/encaje/tul/terciopelo/pana
fivela	hevilla
gorro	gorro
gola (comprida)	cuello (vuelto)
gravata	corbata
guarda-chuva	paraguas
jaqueta	chaqueta
lenço	pañuelo
luvas	guantes
maiô	traje de baño
manga comprida/curta	manga larga/corta
meias (curtas)	medias/calcetines
pijama	pijama
pulseira	pulsera
saia	pollera/falda
sapatos de salto alto/baixo	zapatos de taco alto/bajo
shorte	short
sutiã	sostén
tênis	zapatillas
vestido	vestido

☺ O MÍNIMO QUE O NATIVO PODERÁ DIZER

¿Qué andaba(s)/estaba(s)* buscando?	O que você está procurando?
¿Lo(a)/Te atienden?*	Já atenderam você?
Le quedó/ha quedado perfecto/muy bien.	Ficou perfeito/muito bem em você.
Es la última moda.	É a última moda.
¿No te la/lo vas a llevar? ¡Pero te queda* tan bien!	Não vai levar? Mas ficou tão bem!
El precio es increíble.	O preço é incrível.
Ese color te viene muy bien.	Essa cor fica muito bem em você.
No lo(a)/los(as) vas a encontrar en ninguna parte por ese precio.	Você não vai achar em lugar nenhum por esse preço.
Mira la tela, es formidable.	Olha o tecido, é ótimo.
Es así mismo.	É assim mesmo.
Esa talla te/le queda* bien.	Esse tamanho ficou bem em você/no(a) senhor(a).
No tenemos una talla menor/mayor.	Não temos um tamanho maior/menor.
Es el/la último(a). Los(as) vendimos todos(as).	É o/a último(a). Vendemos todos(as).
Las ofertas son en efectivo.	As ofertas são com pagamento a vista.
Si paga al contado tiene descuento.	Se pagar a vista tem desconto.
Puede pagar con tarjeta de crédito.	Pode pagar no cartão de crédito.
Volte sempre.	Vuelva siempre.

*Nesse casos, é usual a construção da frase efetuada em um tempo verbal diferente ao empregado em português.

DIZENDO A PALAVRA CERTA EM CADA PAÍS

- Sabe o que é *un calzón*? É a denominação dada à calcinha na Bolívia, Chile, Colômbia, Costa Rica, República Dominicana, México e Peru. E o que é uma *bombacha*? É como se chama essa mesma peça de roupa íntima na Argentina, Uruguai e Paraguai. Em outros países como Panamá e Porto Rico recebe o nome de *panty*. Em Cuba, Honduras, Nicaragua de *blumers*, no México e Venezuela, *pantaleta* e na Espanha *bragas*.

- Sutiã também possui denominações variadas em países de língua espanhola. Diz-se *corpiño* na Argentina e Uruguai; *sostén* na Bolívia, Chile, Peru e Venezuela; *brasiel* na Colômbia, em Honduras, no México, na Nicarágua, no Panamá, em Porto Rico e na República Dominicana.

- A peça íntima masculina cueca é normalmente conhecida por *calzoncillo* (Bolívia, Chile, Colômbia, Costa Rica, Cuba, Espanha, Honduras, México, Nicarágua, Peru, Panamá, Porto Rico e Uruguai. Mas também denomina-se *trusa* no México, *anatómico* no Paraguai e *slip* na Argentina.

- Sabe o que é um *saco*? É como os argentinos e uruguaios chamam o casaco de lã abotoado na frente. Em outros países se diz *rebeca* ou *chaleco de punto* (Espanha) ou *chaleca* (Chile). *Saco* também pode se referir à jaqueta.

- A camiseta também recebe nomes diferentes: *remera* (Argentina, Paraguai e Uruguai); *polera* (Bolívia e Chile); *playera* (México); *flanela* (Venezuela). Em outros países chama-se *camiseta*.

- Na Espanha vitrine é *escaparate*. Na América Latina é mais comum o termo vitrina.

COMPRANDO DE TUDO UM POUCO

Nunca se sabe ao certo o que vai se comprar numa viagem. Nas andanças pelo comércio local podem saltar aos olhos objetos irresistíveis, seja pela novidade, preço ou até mesmo necessidade. Seja lá que caso for, acrescente algumas palavras capazes de ajudá-lo(a) a comprar os pertences.

O MÍNIMO QUE É NECESSÁRIO SABER PARA...

Comprar vários tipos de objetos	
Papelaria/livraria...	**Papelería/librería...**
O que é isso, tão bonito.	¿Qué es eso tan bonito?
Não diga! São separadores de livro.	No diga! Son separadores de páginas.
Quero três, por favor.	Quiero três, por favor.
Poderia me indicar um bom romance de um escritor nacional.	Me podría indicar una buena novela de un escritor nacional.
Você tem livros de gramática/ dicionários?	¿Tiene libros de gramática/ diccionarios?
Vendem jornais nacionais e estrangeiros?	¿Venden diarios/periódicos nacionales y extranjeros?
Tem envelopes/bloco de desenho?	¿Tiene sobres/block de dibujo?
Queria um caderno pequeno/um bloco para anotações/uma caderneta.	Quería un cuaderno pequeño/ un block de anotaciones/ una libreta.
Onde tem lápis/ canetas/borrachas/apontadores e réguas?	¿Dónde hay lápices/bolígrafos/ gomas de borrar/sacapuntas y reglas?
Preciso também de...	Necesito también...
...cola e durex.	...goma de pegar y scotch.
...tachinhas e papel carbono.	...chinches y papel carbón.

Equipamentos de camping	Equipo de camping
Onde vendem equipamentos de camping?	¿Dónde venden equipo de camping?
Queria...	Quisiera...
...uma barraca/ bússola/um saco de dormir...	una carpa/ brújula/un saco de dormir.
...equipamento de pesca/ geladeira de isopor.	...equipo para pescar/ nevera portátil.
um cantil/ferramentas.	...una cantinflora/ herramientas.

Artigos para casa	Artículos para el hogar
Em que andar tem artigos para casa?	¿En qué piso hay artículos para el hogar?
Preciso de panelas, pratos/ xícaras e copos.	Necesito ollas/platos/tazas y vasos.
Tem saca-rolhas/garfos/facas e colheres?	Tiene sacacorchos/tenedores/ cuchillos y cucharas?
Onde tem roupa de cama e banho?	Dónde hay ropa de cama y baño?
Quero toalhas/lençóis/ cobertores e uma toalha de mesa.	Quiero toallas/sábanas/mantas y un mantel.
Está ótimo. Onde pago?	Está muy bien. ¿Dónde pago?

Lembranças	Recuerdos
Preciso levar uma lembrança para minha tia. O que você sugere?	Necesito llevarle un recuerdo a mi tía. ¿Qué me sugiere?
Acho que ela não vai gostar desse pratinho com o cartão postal da cidade.	No creo que le vaya a gustar ese platillo con la tarjeta postal de la ciudad.

Acho que o leque está bom.	**Creo que el abanico le va bien.**
Deixe eu ver as castanholas.	**Déjeme ver las castañuelas.**
Vou levar o pôster dos toureiros e a caixinha de madeira.	**Voy a llevar el póster de los toreros y la cajita de madera.**
Não, o pandeiro não.	**No, la pandereta no.**
Quanto custam os ímãs com os dançarinos de tango?	**¿A cuánto están los imanes con los bailarinos de tango?**

Brinquedos — Juguetes

Quero um quebra-cabeça para uma criança de cinco anos.	**Quiero un rompecabezas para un chico de cinco años.**
Da Branca de Neve não. É um menino.	**De la Blanca de Nieves no. Es un niño.**
A bola é muito grande.	**La pelota es muy grande.**
Não gosto de dar brinquedos de fogo/de guerra.	**No me gusta regalar juguetes de fuego/de guerra.**
Ele adora carros.	**Le encantan los coches/autos.**
Tem jogo de damas/xadrez/dominó?	**¿Tiene juego de damas/ajedrez/dominó?**
Como é este jogo?	**¿Cómo es este juego?**
Tem algum boneco de um super-herói?	**¿Tiene algún muñeco de un superhéroe?**
Tem uma boneca que fale espanhol?	**¿Tiene una muñeca que hable español?**
Que jogo pode me sugerir para um adolescente?	**¿Qué juego me sugiere para un adolescente?**

O QUE OS BRASILEIROS FALAM, O QUE OS NATIVOS ENTENDEM, OU VICE-VERSA...

- Lembre que *taza* é o recipiente onde se bebe chá ou café e *vaso* significa copo.
- *Copo* não é o utensílio doméstico para líquidos. Quer dizer floco em espanhol. Ex.: *Copos de nieve* – Flocos de neve.

VOCABULÁRIO EXTRA PARA...

Compras em geral

cores	
azul	azul
amarelo	amarillo
bege	beige
celeste	celeste
branco	blanco
cinza	gris
laranja	naranja
lilás	lila
marfim	marfil
mostarda	mostaza
marrom	marrón/café
preto	negro
rosa	rosado
roxo	morado
verde	verde
claro/escuro	claro/oscuro
desbotado	descolorido

materiais	
borracha	goma
cristal	cristal
inox	inoxidable
madeira	madera
plástico	plástico
vidro	vidrio

O MÍNIMO QUE O NATIVO PODERÁ DIZER

¿Quiere sobres grandes o chicos?	Quer envelopes grandes ou pequenos?
Le recomiendo éste.	Recomendo este.
¿Qué tipo de block quiere?	Que tipo de bloco quer?
Al fondo va a encontrar lo que necesita.	No fundo vai encontrar o que precisa.
¿En qué idiomas quiere el diccionario?	Em que idiomas quer o dicionário?
¿De qué color?	De que cor?
¿De qué material?	De que material?
¿Así le gustan?	Gosta assim?
Son muy resistentes/buenos.	São muito resistentes/bons.
No son tan buenos pero son útiles.	Não são tão bons, mas são úteis.
Son bonitos/prácticos.	São bonitos/práticos.
¿Por qué no lleva una escultura en madera?	Por que não leva uma escultura em madeira?
Este juego hace furor.	Este jogo é um sucesso.

Les encanta a los niños.	As crianças adoram.
Si paga al contado tiene descuento.	Se pagar a vista tem desconto.
¿Algo más?	Mais alguma coisa?

DIZENDO A PALAVRA CERTA EM CADA PAÍS

- O termo *vajilla* para se referir à louça é mais comum na Espanha. Na América costuma se dizer *loza*.
- Caneta recebe o nome de *bolígrafo* ou *boli* na Espanha. No Chile se diz *lapicera* e, na Argentina, *birome*.
- Novela diz respeito ao romance literário. Se quiser se referir à novela da televisão, há que dizer *telenovela*.

PECHINCHANDO

De um lado você diz: é caro. Do outro, o vendedor insiste: é uma excelente oportunidade. E assim a conversa vai e vem, acrescentando e tirando cifrões, até chegar a um acordo. Uma vez que pechinchar faz parte da rotina do viajante, e adquirir o objeto do desejo, sem um descontinho camarada, não tem a mesma graça, afine seu vocabulário na arte de negociar. Prepare sua lábia com antecedência, seja firme, e não dê o braço a torcer até ouvir as palavras finais: *Bueno, ¡le voy a hacer una rebaja!*

O MÍNIMO QUE É NECESSÁRIO SABER PARA...

Barganhar	
Quanto custa?	¿Cuánto cuesta?
O quê? Cento e vinte e cinco pesetas/pesos?	¿Qué? ¿Ciento y veinticinco pesetas/pesos?
Não, não, não, é muito caro. Por esse preço eu não levo.	No, no, no es muy caro. Por ese precio no me lo llevo.

Só tenho cem pesos/pesetas.	Sólo tengo cien pesos/pesetas.
Acabou todo o meu dinheiro. E vou embora hoje.	Se me terminó toda la plata. Y me voy hoy.
Não, se o senhor não abaixar o preço, não posso levar. Vai ser uma pena.	No, si usted no baja el precio, no me lo puedo llevar. Va a ser una pena.
Não, cento e cinco pesetas/pesos ainda é muito caro.	No, ciento cinco pesetas/pesos todavía es muy caro.
Olhe só, cem pesos/pesetas e pronto, eu levo.	Mire, cien pesos/pesetas y listo, me lo llevo.
Eu vi ontem em outra loja por noventa e nove pesos/pesetas e não comprei porque achei muito caro.	Yo lo(a) vi ayer en otra tienda por noventa y nueve pesos/pesetas y no lo(a) compré porque lo(a) encontré muy caro.
Só não vou até lá agora porque é capaz de já terem vendido e, além disso, vou embora de noite.	Sólo no voy hasta allá ahora porque capaz que ya lo(a) vendieron y, además, me voy de noche.
Está muito caro. Assim não vai conseguir vender.	Está muy caro. Así no va a conseguir venderlo(a).
Olhe que se o(a) senhor(a) não vender para mim, depois vai se arrepender. Vai olhar para a peça e vai lembrar de mim.	Mire que si usted no me lo(a) vende, después se va a arrepentir. Va a mirar la pieza y se va acordar de mí.
Eu sei que é bom, mas não vale tanto.	Yo sé que es bueno, pero no vale tanto.
Eu vou pagar a vista/em dinheiro.	Voy a pagar al contado/en efectivo.
É uma pena, mas por mais de 100 pesos/pesetas eu não posso comprar.	Es una pena, pero por más de 100 pesos/pesetas no lo/la puedo comprar.

Não acredito que você vai perder um(a) cliente tão bom/boa.	No creo que usted va a perder un(a) cliente tan bueno(a).
Então, está bem, vou embora. Tchau.	Entonces, está bien, me voy. Chao.
Vai deixar por 100 pesos/pesetas. Muito bem! O/A senhor(a) é um(a) homem/mulher de vendas.	Me lo(a) va a dejar por 100 pesos/pesetas. ¡Muy bien! Usted es un(a) hombre/mujer de ventas.
E isto, quanto custa?	Y esto, ¿cuánto cuesta?
Meu amigo inglês quer levar dois. Faz por quanto?	Mi amigo inglés quiere llevarse dos. ¿Lo hace por cuánto?
São dois, tem que fazer um desconto.	Son dos, tiene que hacerle un descuento.
Ele diz que vai levar.	Dice que se los va a llevar/va a llevárselos.

O QUE OS BRASILEIROS FALAM, O QUE OS NATIVOS ENTENDEM, OU VICE-VERSA...

- O que é *pagar en efectivo*? Não se apresse para dizer que significa pagar de fato. Para os nativos de espanhol quer dizer que você tem *plata* (dinheiro) para efetuar o pagamento. Portanto, significa pagar em dinheiro.

- *Todavia* não possui sentido de oposição como em português. Na língua espanhola, quer dizer ainda. A forma acentuada *todavía* quer dizer até o momento atual. Ex: *Todavía no he visto esa película* – Ainda não vi esse filme; *Todavía está viajando* – Ainda está viajando. A forma não acentuada significa inclusive, até, também, e nem sequer, em frases negativas. Ex: *Le compró un regalo y todavía le mandó flores* – Comprou-lhe um presente e ainda lhe mandou flores. Também é possível se dizer *aun* e *aún* em vez de *todavia ou todavía.*

- Não faça confusão com a palavra *pago*. Significa pagamento. Se quiser se referir à forma verbal pago, utilize *pagado*. Logo: *El pago es en efectivo* – O pagamento é em dinheiro; *Está pagado* – Está pago.

VOCABULÁRIO EXTRA PARA...

Questões de dinheiro

caixa automático	cajero automático
caloteiro(a)	estafador(a)
cartões de crédito	tarjetas de crédito
desconto	descuento
esbanjador(a)	despilfarrador(a)
generoso(a)	generoso(a)
investimento/investir	inversión/invertir
nota (de dinheiro)	billete
nota fiscal	boleta
pão-duro(a)	amarroto(a)/tacaño(a)
poupança	ahorros
talão de cheques	talonario
moeda	moneda
trocado	sencillo
troco	vuelto/cambio

O MÍNIMO QUE O NATIVO PODERÁ DIZER

El precio está muy bueno.	O preço está muito bom.
No lo puedo dejar por menos.	Não posso deixar por menos.
No, 100 pesos/pesetas es poco por una pieza tan buena	Não, 100 pesos/pesetas é pouco por uma peça tão boa.
Mire, usted está escondiendo la plata. Apuesto que en la billetera tiene muchos dólares.	Olha lá, o/a senhor(a) está escondendo o dinheiro. Aposto que na carteira tem muitos dólares.
¿Dónde lo(a) vio más barato?	Onde o senhor viu mais barato?
No puede costar tan poco.	Não pode custar tão pouco.
Sólo si es de calidad inferior.	Só se for de qualidade inferior.
No, no es posible. Usted debe haber visto algo parecido.	Não, não é possível. O/A senhor(a) deve ter visto algo parecido.
Si le pusiera un precio más alto también lo vendería. Mucha gente quiere una pieza original, de calidad, bonita, decorativa...	Se botasse um preço mais alto também venderia. Muita gente quer uma peça original, de qualidade, bonita, decorativa...
No puedo hacerle un descuento porque ya está muy barato.	Não posso lhe fazer um desconto porque já está muito barato.
Si no se la lleva se va a arrepentir.	Se não levar vai se arrepender.
Está bien, se lo dejo por 100 pesos/pesetas. Sólo porque es simpático(a)/bonita.	Está bem, vou deixar por 100 pesos/pesetas. Só porque o/a senhor(a)/você é simpático(a)/bonita.
Bueno, uno es ochenta pesos/pesetas, dos son ciento cincuenta pesos/pesetas.	Bom, um é oitenta pesos, dois são cento e cinqüenta pesos/pesetas
Usted hizo/ha hecho un excelente negocio.	O/A senhor(a)/senhorita fez um excelente negócio.

DIZENDO A PALAVRA CERTA EM CADA PAÍS

- Moedas oficiais: bolivar (Venezuela), colón (Costa Rica), cordoba (Nicaragua), dólar (Porto Rico), guarani (Paraguai), pesetas (Espanha); peso (Argentina, Chile, Colombia, Cuba, México, Uruguai), sol (Peru).
- A expressão equivalente a não tenho um centavo/tostão em gíria local é: "*Me quedé sin lana*" (México); "*No tengo un mango*" (Argentina); "*Me gasté hasta el último peso /última chaucha*" (Chile).

8 Restaurante e alimentação

EXPERIMENTANDO PRATOS NATIVOS

Hora da refeição. Você entra num restaurante e resolve aventurar o paladar em alguma comida nativa que encheu seus olhos, deixando-lhe a boca cheia d'água. Antes de devorar o prato local sem averiguar o que contém, lembre que após a primeira garfada da nova iguaria, você poderá tanto amar o seu tempero como odiá-lo, e que após muitas garfadas, poderá descobrir que acaba de comer algo que desagrada os seus princípios alimentares. Para não passar por esse tipo de maus bocados, procure se prevenir e aprender algumas palavrinhas que lhe permitam saber o que possui o suposto manjar antes de degluti-lo. E se for tarde demais, compense o mal-estar com algumas palavras capazes de expressar o dissabor.

O MÍNIMO QUE É NECESSÁRIO SABER PARA...

Casos de gula	
O que é?	¿Qué es?
Como preparam?	¿Cómo lo preparan?
Ai, meu Deus! Jura que eu comi...	Ai, Dios mío! Verdad que me comí/he comido...
Mas não tem/tinha gosto de [sangue]...	Pero no tiene/tenía gusto de [sangre]...
Bom, está/estava gostoso.	Bueno, está/estaba bueno.

Até que não é ruim.	**Hasta que no es malo.**
Não, obrigado(a), não quero mais.	**No gracias, no quiero más.**
Por isso é que eu achei que tinha um gosto meio esquisito.	**Por eso le encontré un gusto un poco raro.**
Verdade? Não, melhor que não me diga mais nada.	**¿De veras? No, mejor no me cuente nada más.**
Que nojo!	**¡Qué asco!**
Por que não me disse antes?	**¿Por qué no me dijo antes?**
Agora, sim, estou passando mal do estômago.	**Ahora, sí, se me ha revuelto el estómago.**
Estou passando mal.	**Me siento mal.**
Não sei por que não pedi o outro prato.	**No sé por que no pedí/he pedido el otro plato.**
Deveria ter me explicado melhor antes de ter me servido isto.	**Debería haberme/Me debería haber explicado mejor antes de haberme servido esto.**
Mas vocês comem isso sempre?	**¿Pero ustedes/vosotros comen/coméis eso siempre?**
Dão isso até para as crianças?	**¿Se lo dan incluso a los niños?**
Por isso que vocês são um povo tão alegre/forte/com tanta energia.	**Por eso ustedes son/vosotros sois un pueblo tan alegre/fuerte/con tanta energía.**
E isso, o que é? O que contém?	**Y eso, ¿qué es? ¿Qué contiene?**
Não obrigado(a), não gosto de gordura.	**No gracias. No me gusta la grasa.**
Por favor, quero mais.	**Por favor, quiero más.**

O QUE OS BRASILEIROS FALAM, O QUE OS NATIVOS ENTENDEM, OU VICE-VERSA...

- Imagine que você está num delicioso almoço com alguns nativos(as) e alguém faz a seguinte sugestão: *¿Por qué no nos comemos todo?* Depois de algumas garrafas de cerveja ou taças de vinho é capaz até de você achar aquele convite um tanto esquisito. Nada disso! Em espanhol, é muito usual o verbo *comer* na forma pronominal – *yo me como la carne, tú te comes lo que hay, él se come todo.* Portanto, agora que você já sabe o que significa pode responder entusiasticamente: *¡Sí, nos comemos todo!, ¡Está muy bueno!, ¡Buen apetito!*
- Também lembre que:

Quando você diz...	Os nativos entendem...
esquisito	delicioso
pastel	massa com doce/pastelão
salsa	molho
rico	gostoso/rico
enojado	zangado
un trago	um drinque/um gole
comedor	sala/salão de jantar
taza	xícara
copos	flocos
vaso	copo
copa	taça

VOCABULÁRIO EXTRA PARA...

Entender menus

Legumes/verduras/cereais	Legumbres/verduras/cereales
abacate	aguacate/palta
abóbora	zapallo
abobrinha	zapallito
aipo	apio
alcachofra	alcachofa
alface	lechuga
alho	ajo
aspargos	espárragos
arroz	arroz
aveia	avena
berinjela	berenjena
beterraba	beterraga/remolacha
batata	papa/patata
cebola	cebolla
cenoura	zanahoria
couve-flor	coliflor
cogumelos	setas
espinafre	espinaca
grão-de-bico	garbanzo
ervilhas	arvejas/guisantes
feijão	porotos/frijoles (Mex.)
lentilha	lentejas
milho	choclo

pimentão	pimiento
soja	soja
rabanete	rábanos
repolho	repollo
tomate	tomate
Frutas	**Frutas**
abacaxi	piña/ananás
avelã	avellana
ameixas	ciruelas
amendoim	maní
amora	mora
banana	plátano
castanhas	castañas
cerejas	cerezas
coco	coco
figos	higos
framboesa	frambuesa
groselha	grosellas
laranja	naranja
limão	limón
maçã	manzana
morangos	frutillas
melancia	sandía
melão	melón
nozes	nueces
passas	pasas
pêssego	durazno/melocotón

pêra	pera
tâmaras	dátiles
uvas	uvas
Bebidas	**Bebidas**
água	agua
aguardente/cachaça	aguardiente
café	café
chá	té
chocolate	chocolate
cerveja	cerveza
gim	ginebra
leite	leche
licor	licor
milk-shake	batido
suco	jugo/zumo
refrigerantes	gaseosas
vinhos	vinos
xerez	jerez
Outros alimentos	**Otros alimentos**
açúcar	azúcar
biscoito	galletas
bolo	bizcochuelo
empada	empanada
empadinha	empanadita al horno
frios	fiambres
gelatina	gelatina
geléia	mermelada

manteiga	mantequilla
pastel	empanada frita
ovo cozido/estrelado/mexido/ quente	huevo duro/frito/revuelto/ pasado por agua
queijos	quesos
salada	ensalada
sobremesas	postres
sorvete	helado
torta	pastel/torta
Carnes	**Carnes**
almôndegas	almóndigas
bife	bistec
carne de porco	chancho/cerdo
costeletas	chuletas
fígado	hígado
hamburguer	hamburguesa
leitão assado	cochinillo asado (Esp.)
lingüiça de sangue	morcilla (Arg./Urug.)
lombo	solomillo de cerdo
presunto	jamón
rins	riñon
salsichas	salchichas
toucinho/bacon	tocino
frango	pollo
asa	ala
coxa	tuto (ch.)/muslo
peito de frango	pechuga

Peixes/frutos do mar	Pescados/mariscos
enchova	arenque
atum	atún
bacalhau	bacalao
camarão	camarón/langostín (espécie de camarão)
centolla	centolla (tipo de caranguejo)
lula	calamares
caranguejo	cangrejo
mexilhões	mejillones
polvo	pulpo
salmão	salmón
sardinha	sardina
truta	trucha
Preparos	
ao forno	al horno
cozido	hervido
cozido ao vapor	cocido al vapor
defumado	ahumado
ensopado	estofado
frito	frito
grelhado	a la parrilla
mal/bem-passado	poco/muy hecho
na grelha	a la parrilla
refogado	salteado
Massas	**Pastas**
macarrão	tallarines/fideos
nhoqui	ñoqui

panqueca	panqueca
ravióli	ravioles
Molhos	**Salsas**
a la bolonhesa	a la boloñesa
alho e óleo	alioli
branco	bechamel
maionese	mayonesa
molho de tomate e pimentão verde	a la catalana (Esp.)
molho doce e ácido	en escabeche
quatro queijos	quatro quesos
tártaro	tártara
vinagrete	vinagreta
Temperos/especiarias	**Condimentos/especias**
alcaparras	alcaparras
anis	anís
azafrão	azafrán
azeite	aceite
baunilha	bainilla
canela	canela
cravo	clavo
cominho	comino
ervas finas	hierbas finas
louro	laurel
manjericão	albaca
mostarda	mostaza
orégano	orégano

pimenta	pimienta
tomilho	romero
vinagre	vinagre
Pães	**Panes**
pão branco	pan blanco
pão de centeio	pan de centeno
fatia de pão	rebanada de pan
croissant	medialuna
torrada	tostada

*Nesta lista constam os alimentos mais conhecidos dos brasileiros para que o leitor possa ter uma referência de alguns ingredientes constantes nos pratos de cada país.

O MÍNIMO QUE O NATIVO PODERÁ DIZER

¿Estaba bueno?	Estava bom?
Son víceras de buey asadas/el rabo del toro cortadito.	São vísceras de boi assadas/o rabo do touro fatiadinho.
Se retiran las víceras del buey, se limpian y se asan.	Retiram-se as vísceras do boi, limpa-se e assa-se.
Hace bien. Dá fuerza/vitalidad.	Faz bem. Dá força/vitalidade.
Es muy sabroso.	É muito saboroso.
Não disse nada porque o/a senhor(a) não me perguntou.	No le he dicho/dije nada porque usted no me ha preguntado/preguntó.
Si se va a preocupar/va a preocuparse con esos detalles sólo va a comer legumbres y se va a poner/va a ponerse verde como una lechuga.	Se for se preocupar com esses detalhes só vai comer legumes e vai ficar verde que nem uma alface.
Hace muy bien.	Faz muito bem.
¿Un poquito más?	Mais um pouquinho?
¡Buen apetito!	Bom apetite!

DIZENDO A PALAVRA CERTA EM CADA PAÍS

- Enquanto na América Latina é usual chamar o pêssego por *durazno*, as batatas por *papas*, as ervilhas por *arvejas*, e a vagem por *porotos verdes*, na Espanha é mais comum chamá-los por *melocotón*, *patatas*, *guisantes* e *judías* respectivamente.
- Não confunda a designação dada para almoço e jantar na América (*almuerzo* e *comida*) e Espanha (*comida* e *cena*). Também lembre que os espanhóis usam o verbo *tomar* para comer "*tomar una paella*". Nas Américas se usa *tomar* para líquidos e *comer* para comidas.
- Para suco prefira *jugo* nas Américas e *zumo* na Espanha.

9 Metereologia

COMENTANDO O TEMPO

O viajante tem que saber falar sobre o tempo. Afinal, muitos programas dependem das condições atmosféricas. Por exemplo, há chuvas que passam logo, não sendo necessário ficar dentro de um lugar fechado. Outras criam inundações, sendo melhor ir rápido para o hotel. Por isso, para não sair correndo por causa de uma chuvinha passageira ou ficar atolado num aguaceiro, é melhor se informar a respeito dos fenômenos climáticos locais. Além disso, não há tema melhor para trocar algumas palavras com um desconhecido. Em geral, qualquer observação metereológica é imediatamente comentada com outras comparações sobre o tempo que fez ontem, durante a semana, no ano passado, além de possíveis previsões futuras. Portanto, prepare seu vocabulário para desenvolver uma boa conversa (não sujeita a contratempos) sobre o clima.

O MÍNIMO QUE É NECESSÁRIO SABER PARA...

Conversar sobre o tempo	
Como chove/neva/faz frio/calor /venta, né?	Cómo llueve/nieva/hace frío/ calor/ viento, ¿no?
É sempre assim?	¿Siempre es así?
De repente começou a chover.	De repente se largó a llover.
Chove a cântaros.	Llueve a cántaros.
Sempre chove tanto no verão?	¿Siempre llueve tanto en verano?

Chove/Troveja/Relampeja/Neva muito. Não é melhor ficar no/ir para o hotel?	Llueve/ Truena/Relampea/Nieva mucho. ¿No es mejor quedarse en el/irse al hotel?
O céu está aberto/nublado/ coberto de nuvens pretas.	El cielo está despejado/ nublado/ cubierto de nubes negras.
Ontem estava igual/pior/melhor que hoje.	Ayer estaba igual/peor/mejor que hoy.
Tomara que mude o tempo/continue assim.	Ojalá cambie el tiempo/siga igual.
Se o tempo ficar assim poderemos [ir à praia]/ vamos ter que mudar os nossos planos.	Si el tiempo sigue así podremos [ir a la playa]/vamos a tener que cambiar nuestros planes.
Eu adoro/ me sinto mal quando o tempo está assim.	Me encanta/me siento mal cuando el tiempo está así.
Ontem à noite botei o ar-condicionado no máximo/ liguei a calefação/tirei até o lençol de cima.	Anoche puse el aire acondicionado al máximo/prendí la calefacción/saqué incluso la sábana de arriba
Sabe qual é o prognóstico para amanhã?	¿Sabes/Sabe cuál es el pronóstico para mañana?
E você? Gosta mais de frio ou calor?	¿Y a ti? ¿Te gusta más el frío o el calor?
Eu prefiro calor/frio.	Yo prefiero el calor/frío.
Tempo assim é bom para passear/ir à praia/ao cinema/jantar fora/dançar/ficar em casa/beber um vinhozinho....	Este tiempo es bueno para salir a pasear/ir a la playa/al cine/a cenar fuera/bailar/quedarse en *la casa*/tomarse un vinito...

O QUE OS BRASILEIROS FALAM, O QUE OS NATIVOS ENTENDEM, OU VICE-VERSA...

- Quando um nativo de espanhol diz *el cielo está despejado,* isso significa que o tempo está muito bom, sem nuvens e com o sol brilhando.

VOCABULÁRIO EXTRA PARA...

Falar do tempo

faz bom tempo/sol/calor/frio	**hace buen tiempo/sol/calor/frío**
está fresco	**hace fresco**
chove/neva	**llueve/nieva**
está abafado/chuvoso	**está asfixiante/lluvioso**
o céu está aberto/fechado	**el cielo está despejado/nublado**
o tempo está instável	**el tiempo está inestable**
vem uma frente fria	**viene un frente frío**
tem/há relâmpagos e trovões	**hay relámpagos y truenos**
tem uma chuvinha fina	**hay llovizna**
que tempestade!	**¡qué tormenta!**
tem granizo	**hay granizo**
há/tem névoa/umidade	**hay neblina/humedad**

Meses do ano

enero, febrero, marzo, abril, mayo, junio, julio, agosto, setiembre/septiembre, noviembre, diciembre

Estações

primavera, verano (verão), otoño (outono), invierno (inverno)

☺ O MÍNIMO QUE O NATIVO PODERÁ DIZER

¡Qué tiempo bueno/malo!	**Que tempo bom/ruim!**
Hace una semana que hace frío/calor/viento/llueve/ nos estamos muriendo de frío/calor.	**Faz uma semana que faz frio/calor/venta/chove/estamos morrendo de frio/calor.**
Siempre que llueve, el tráfico se pone insuportable. Hay muchas inundaciones.	**Sempre que chove, o trânsito fica impossível. Há muitas inundações.**
Se anuncia una borrasca. Mejor irse al hotel.	**Está vindo um vendaval. É melhor ir para o hotel.**
No se procupe. Esa lluvia se pasa luego.	**Não se preocupe. Essa chuva passa logo.**
Cuando hace tanto calor quiere decir que viene lluvia.	**Quando faz tanto calor é sinal que vai chover.**
Tanto ayer como anteayer fue terrible. Además de llover todo el día, hizo un ventarrón que daba miedo.	**Tanto ontem como anteontem foi terrível. Além de chover o dia todo, fez uma ventania de dar medo.**
Y pensar que la semana pasada hacía un tiempo tan bonito.	**E pensar que semana passada estava um tempo tão bonito.**
Espero que mañana el tiempo mejore/siga así.	**Espero que amanhã o tempo melhore/continue assim.**
Este frío/calor está durando mucho. El lunes de madrugada la sensación térmica llegó a 2 grados/de tarde hicieron 44 grados.	**Este frio/calor está durando muito. Na segunda-feira de madrugada a sensação térmica chegou a 2 graus/de tarde fez 44 graus.**
Lo peor es que semana que viene es el día de San... . Siempre llueve mucho en ese día.	**O pior que semana que vem é o dia do Santo... Sempre chove muito nesse dia.**

El tiempo está muy raro para esta época del año. No suele ser así. Es una ola de calor/frío.	O tempo está muito esquisito para essa época do ano. Não costuma ser assim. É uma onda de calor/frio.
No se preocupe, no hay ciclones/terremotos/huracanes/maremotos.	Não se preocupe, não tem ciclones, terremotos, furacões, maremotos.
El servicio de metereología dijo que mañana va a mejorar/empeorar.	O serviço de metereologia disse que amanhã vai melhorar/piorar.
La metereología es fiable/poco fiable.	A metereologia é confiável/não é muito confiável.
A mí me gusta más el frío/calor.	Eu gosto mais de frio/calor.
Cuando el tiempo está así me pongo alegre/triste. Por eso espero que cambie luego/no cambie tan pronto.	Quando o tempo está assim eu fico alegre/triste. Por isso espero que mude logo/não mude tão cedo.

DIZENDO A PALAVRA CERTA EM CADA PAÍS

- O ciclone tropical recebe diferentes nomes. O mais fraco denomina-se *tormenta tropicale*. Já o mais forte recebe o nome de *huracán* e ocorre em países banhados pelo Oceano Atlântico, e *tifón*, nos que se encontram junto ao Oceano Pacífico.
- Na Colômbia é comum a expressão *correr un aire fuerte*. Ex.: *Corre un aire fuerte* – Faz muito vento.
- Na Venezuela *rasca* significa vento frio.

10 Horários locais

CIRCULANDO NA HORA CERTA

As cidades têm seus ritmos e horários. O comércio pode fechar durante o almoço; serviços podem funcionar em horários inesperados para o forasteiro e o agito noturno pode começar depois da meia-noite ou, o que pode ser mais decepcionante, terminar antes disso. Para evitar ficar circulando fora do compasso pela cidade, esperando algum nativo passar para perguntar: *¿Qué pasa? ¿Dónde está la gente?* separe algumas palavras essenciais para entrar em sintonia perfeita com os horários locais.

O MÍNIMO QUE É NECESSÁRIO SABER PARA...

Falar sobre horários locais	
Que horas são?	¿Qué hora es?
A cidade é sempre tranqüila/com tanto movimento?	¿La ciudad es siempre tranquila/con tanto movimiento?
Por que as ruas estão tão vazias? Onde estão as pessoas?	¿Por qué las calles están tan vacías? ¿Dónde está la gente?
Mas eu quero almoçar/fazer compras. Aonde vou?	Pero yo quiero almorzar/hacer compras. ¿Adónde voy?
Agora é a hora da *siesta*?	¿Ahora es la hora de la siesta?
A que horas abre/fecha/ o comércio/o banco/o correio...?	¿A qué hora abre/cierra el comercio/el banco/el correo...?

A que horas as pessoas saem de noite?	¿A qué hora la gente sale de noche?
Os restaurantes/bares ficam abertos até que horas?	¿Los restaurantes/bares están abiertos hasta qué hora?
O quê?! Vão fechar agora?	¡Qué? ¿Van a cerrar ahora?
Mas a noite ainda é uma criança.	Pero la noche todavía está en pañales.
E você tem coragem de botar para fora um(a) turista?	¿Y usted se atreve a echar a la calle un(a) turista?
Bom, o que vai se fazer. Boa-noite.	Bueno, que se le va a hacer. Buenas noches.

O QUE OS BRASILEIROS FALAM, O QUE OS NATIVOS ENTENDEM, OU VICE-VERSA...

- Criança lembra *crianza*, que em espanhol significa criação/educação. Por exemplo: *Los niños tuvieron una buena crianza* – As crianças tiveram uma boa criação/educação.
- Se alguém *cerrar la puerta; cerrar la ventana; cerrar el libro* não significa que vá pegar uma serra e cortar esses objetos ao meio. Esse vocábulo em espanhol quer dizer fechar (português mais rebuscado). Portanto, as frases acima significam respectivamente – *fechar a porta; fechar a janela; fechar o livro.*

VOCABULÁRIO EXTRA PARA...

Horas

1:00/13:00	es la una de la mañana/de la tarde.
14:00/2:00	son las dos de la tarde/madrugada.
15:00/3:00	son las tres de la tarde/madrugada.
16:00/4:00	son las cuatro de la tarde/madrugada.
17:00/5:00	son las cinco de la tarde/mañana.
18:00/6:00	son las seis la tarde/mañana.
19:00/7:00	son las siete de la noche/mañana.

20:00/8:00	son las ocho de la noche/mañana.
21:00/9:00	son las nueve de la noche/mañana.
22:00/10:00	son las diez de la noche/mañana.
23:00/11:00	son las once de la noche/mañana.
24:00/12:00	son las doce de la noche/es medianoche/ son las doce de la tarde.

11:00	son las once en punto.
11:15	son las once y cuarto.
11:30	son las once y media

Em alguns países, passados 30 minutos da hora, diz-se quantos minutos faltam para completar a hora. Logo: *1:40 – faltan veinte para la una*. Em outros países deve se fazer a subtração da hora com os minutos: *son las dos menos veinte*.

Dias da semana

lunes, martes, miércoles, jueves, viernes, sábado, domingo

☺ O MÍNIMO QUE O NATIVO PODERÁ DIZER

El comercio sólo vuelve a abrir después de las tres de la tarde.	O comércio só volta a abrir após as quinze horas.
Ahora es la hora de la siesta. Aproveche para dormir también.	Agora é a hora da *siesta*. Aproveite para dormir também.
En este horario está todo tranquilo. La animación/movida (Esp.) empieza después de las once de la noche.	Neste horário é tranqüilo. A animação começa depois das 23:00h.
Ahora es muy tarde. Las personas salen más temprano.	Agora é muito tarde. As pessoas saem mais cedo.
Nosotros ya vamos a cerrar. ¿Quiere algo más?	Nós já vamos fechar. Quer mais alguma coisa?
La noche está sólo empezando. Hay gente en las calles hasta mañana de mañana.	A noite está só começando. Há/Tem gente nas ruas até amanhã de manhã.

Viernes y sábados, después de la medianoche los sitios están llenos.	Sextas-feiras e sábados, após meia-noite os lugares estão cheios.
Está abierto hasta las doce de la noche/toda la madrugada.	Fica aberto até meia-noite/toda a madrugada.
En esta parte los restaurantes cierran cerca de la medianoche.	Nesta área os restaurantes fecham perto da meia-noite.
Quizá encuentre algún movimiento aun en...	Talvez encontre algum movimento ainda em...

DIZENDO A PALAVRA CERTA EM CADA PAÍS

- Quando passado algum tempo da hora, os argentinos e uruguaios costumam usar a expressão *y pico*. Ex.: São duas e pouco – *Son las dos y pico*.

11 Passeio turístico

FAZENDO UM *TOUR* E ENFRENTANDO PROBLEMAS COM O SERVIÇO OFERECIDO

A cena dos sonhos: você fica sabendo de um *tour* ótimo que além de buscá-lo(a) e deixá-lo(a) no hotel, oferece um ótimo serviço, com passeio por locais paradisíacos e um preço excelente. Você decide então embarcar na excursão, e fica feliz da vida ao ver que o prometido corresponde à realidade. Agora, imagine outra cena: o ônibus que vai pegar você no hotel chega atrasado, o trajeto não é bonito como o esperado, o local para almoçar é bem inferior ao mencionado e não resta dúvida de que você embarcou no que costuma se chamar de um verdadeiro "programa de índio". Uma vez que mudar o percurso dos fatos é difícil – a não ser que você decida abandonar a excursão no meio do caminho –, prepare o seu vocabulário para perguntar o que está acontecendo, reclamar e, se tiver disposição para não levar o fato muito a sério, rir do "programão".

O MÍNIMO QUE VOCÊ PRECISA SABER PARA...

Pedir informações sobre um *tour*	
Quais são os principais pontos turísticos?	¿Cuáles son los pricipales puntos turísticos?
Pode me recomendar uma excursão para...?	¿Me puede recomendar alguna excursión para...?
O ônibus irá nos pegar no hotel?	¿El bus nos irá a *buscar al* hotel?

Quanto custa?	¿Cuánto cuesta?
O almoço está incluído?	¿El almuerzo está incluído?
Que maravilha!	¡Qué maravilla!
A que horas voltaremos?	¿A qué hora volveremos?
Que praias/locais visitaremos?	¿Qué playas/sitios visitaremos?
Teremos tempo livre?	¿Tendremos tiempo libre?
Está ótimo.	Perfecto.

Perguntar por que a excursão é tão diferente do que você imaginava, debochar da situação e reclamar

Não estamos demorando muito para chegar?	¿No nos estamos demorando/ demorándonos mucho a llegar?
Onde estamos?	¿Dónde estamos?
Não sabe? O motorista também não sabe?	¿No sabe? ¿El conductor tampoco sabe?
Então, quer dizer que o motorista se perdeu?	Entonces, ¿quiere decir que el conductor está perdido?
Ah, é a primeira vez que ele faz o trajeto.	Ah, es la primera vez que él hace el trayecto.
Ah, que bom!, além dele dirigir mal, não conhece o caminho.	¡Ah, qué bueno!, además de manejar mal, no conoce el camino.
Socorro, avisem para ele que a curva não é reta. Pergunte para ele onde comprou a carteira de motorista.	Socorro, avísenle que la curva no es recta. Pregúntele dónde se compró el carné de conductor.
Estamos "muito bem": perdidos e correndo perigo de vida.	Estamos "muy bien": perdidos y corriendo peligro de vida.

Não é melhor parar um pouquinho para descansar e perguntar onde estamos?	¿No es mejor parar un poquito para descansar y preguntar dónde estamos?
Já passou da hora do almoço. É melhor parar em qualquer lugar para comer algo. Todos estão morrendo de fome.	Ya ha pasado la hora del almuerzo. Es mejor parar en cualquier parte para que comamos algo. Todos están muriéndose/se están muriendo de hambre.
Que bom, vamos parar! Aqui está bem. Fazer o quê?!	¡Qué bueno, vamos a parar! Aquí está bien. ¡Qué se le va a hacer?
Poderiam aproveitar para limpar o banheiro. Está muito sujo!	Podrían aprovechar para limpiar el baño. ¿Está muy cochino!
Quanto tempo temos para almoçar?	¿Cuánto tiempo tenemos para almorzar?
Somente!	¡Sólamente!
O almoço estava ruim para caramba.	El amuerzo estaba remalo.
Já vamos partir? Poderia esperar só um minutinho. É que tenho que comprar um filme para a máquina. É para fotografar aquelas paisagens maravilhosas que vocês anunciaram.	¿Ya vamos a partir? Podría esperar sólo un ratito. Es que tengo que comprar un rollo de fotografías. Es para fotografiar aquellos paisajes hermosos que ustedes anunciaron.
Não vai sair sem mim, tá?	No vaya a salir sin mí, ¿está bien?
Obrigada por ter esperado.	Gracias por haber esperado.
Eu deixei umas revistas aqui, e agora não estão mais.	Yo dejé unas revistas aquí, y ahora no están más.
Alguém pegou umas revistas que estavam aqui?	¿Alguién tomó/ha tomado unas revistas que estaban aquí?

Páre o ônibus. Está faltando uma pessoa.	Pare el bus. Falta una persona
Mas vocês nem sequer reparam se alguém deixou de subir.	Pero ni siquiera se fijan si alguien no subió de vuelta.
É um(a) senhor(a)/jovem/criança magro(a)/gordinho(a)/louro(a)/moreno(a)/ruivo(a) que estava sentado(a) nesta poltrona.	Es un(a) señor(a)/joven/niño delgado(a)/gordito(a)/rubio(a)/moreno(a)/pelirrojo(a) que estaba sentado(a) en este asiento.
Olha! Lá vem correndo.	¡Mire! Allá viene corriendo.
E agora, o motorista já sabe para onde vamos?	Y ahora, ¿el conductor ya sabe adónde vamos?
Ainda bem!	¡Menos mal!
Nesse passo, vamos chegar na praia de noite.	En ese trote, vamos a llegar de noche a la playa.
Onde fica? É muito longe daqui?	¿Dónde es? ¿Es muy lejos de acá?
O ar-condicionado está tão frio/fraco. Pode baixar/aumentar um pouco?	El aire acondicionado está tan frío/suave. ¿Puede bajarlo/aumentarlo un poco?
Por que paramos? Aconteceu algo?	¿Por qué paramos? ¿Pasó/Ha pasado algo?
Não acredito! Furou o pneu?	¡No lo creo! ¿Se pinchó/ha pinchado un neumático?
E o motorista sabe trocar pneu ou vamos ter que ajudá-lo/ajudar ele.	Y el conductor sabe cambiar el neumático o vamos a tener que ayudarlo.
Vamos ter que descer do ônibus?	¿Vamos a tener que bajarnos del bus?
Pôxa, hoje não era o dia de sorte de ninguém dentro desse ônibus.	Pucha, hoy no era el día de suerte de nadie dentro de este bus.

Escute, o cara do meu lado não pára de reclamar. Ele está me deixando nervoso(a). Posso mudar de lugar?	Oiga, el tipo de mi lado no para de reclamar. Me está poniendo/ Está poniéndome nervioso(a). ¿Puedo cambierme de asiento?
Por que tem tanto trânsito? É sempre assim?	¿Por qué hay tanto tráfico? ¿Es siempre así?
Ainda falta muito?	¿Todavia falta mucho?
Sinceramente, não vejo a hora de voltar.	Sinceramente, no veo la hora de volver.
O quê?! Chegamos, nem acredito!	¿Qué! Llegamos, ¡no lo creo!
Quer dizer que estas são as praias maravilhosas?	¿Así que estas son las playas maravillosas?
Um pouquinho sujas, não?	Un poquito sucias, ¿no?
Acho que nem vou botar o biquíni/maiô/calção de banho.	Creo que ni me voy a poner el biquini/traje de baño.
O ambiente não é muito bom.	El ambiente no es muy bueno.
Vamos ficar quanto tempo?	¿Vamos a quedarnos cuánto tiempo?
Tudo isso?!	¡Tanto!
Olhe, vocês venderam algo que não tem nada a ver com a realidade. Deveriam, pelo menos, nos devolver o dinheiro.	Mire, ustedes vendieron algo que no tiene nada que ver con la realidad. Deberían, por lo menos, devolvernos la plata.
Vocês mentiram para nós.	Ustedes nos mintieron/han mentido.

O QUE OS BRASILEIROS FALAM, O QUE OS NATIVOS ENTENDEM, OU VICE-VERSA...

- Não se usa o verbo *pegar* para meios de transporte. *Pegar* possui o sentido de bater. Ex.: *Pegar un puñete/ un puntapié/ una cachetada* – Dar um soco/ pontapé/ tapa. Mas atenção, se quiser dizer que "alguém bate na porta, não empregue o verbo *pegar*. O certo é golpear: *alguien golpea la puerta*. O verbo *pegar* também quer dizer colar. Ex.: *Pegué el cartel en la pared* – Colei o cartaz na parede.

VOCABULÁRIO EXTRA PARA...

Falar mal de um programa

Detestei/odiei	Lo detesté/odié/me reventó
Pior impossível	Peor imposible
A pior coisa que ja fiz!	¡La peor cosa que ya he hecho!
Morri de sono	Me morí de sueño
Não podia ser pior	No podía ser peor
Recomendarei para meus inimigos	Se lo recomendaré a mis enemigos
Muito chato!	¡Muy aburrido!
Muito furreca/uma enganação	Muy falluto/muy fulero
Desagradável	Desagradable
Um horror/desastre!	¡Un horror/desastre!
Uma porcaria!	¡Una porquería!

☺ O MÍNIMO QUE O NATIVO PODERÁ DIZER

Estamos un poquito atrasados, pero ya vamos a llegar.	Estamos um pouquinho atrasados, mas já vamos chegar.
Es que el conductor se salió/ha salido un poco del camino.	É que o motorista saiu um pouco do caminho.
No sabemos bien donde estamos, pero ya vamos a descubrir.	Não sabemos bem onde estamos, mas já vamos descobrir.
Es que él es nuevo. Es la primera vez que hace el trayecto.	É que ele é novo. É a primeira vez que faz o trajeto.
Estamos más o menos perdidos.	Estamos mais ou menos perdidos.
Ya vamos a parar para almorzar.	Já vamos parar para almoçar.
Vamos a limpiar el autobús mientras los pasajeros almuerzan.	Vamos limpar o ônibus enquanto os passageiros almoçam.
Tenemos 15 minutos para el almuerzo.	Temos 15 minutos para o almoço.
Así llegaremos más temprano a las playas.	Assim chegaremos mais cedo nas praias.
Por favor, no se demore porque vamos a partir en 2 minutos.	Por favor, não demore porque vamos partir em 2 minutos.
Usted debe haber dejado las revistas en el suelo y el personal de la limpieza las retiró/ha retirado.	O/A senhor(a) deve ter deixado as revistas no chão e o pessoal da limpeza as retirou.
Debe haber sido porque el/la pasajero(a) subió y bajó del autobús sin avisar Eso pasa pero nunca hemos tenido ningún problema.	Deve ter sido porque o/a passageiro(a) subiu e desceu sem avisar. Isso acontece, mas nunca tivemos nenhum problema.

Ya sabemos cual es la carretera que tenemos que seguir. Pueden tranquilizarse/Se pueden tranquilizar.	**Já sabemos qual é a estrada que temos que pegar. Podem ficar tranqüilos.**
El aire acondicionado está con un problemita y no es posible cambiar la temperatura.	**O ar-condicionado está com um probleminha e não é possível mudar a temperatura.**
Pinchamos un neumático.	**Furamos um pneu.**
Hay un asiento libre al lado del baño. Si quiere puede cambiarse de asiento.	**Há um lugar vago do lado do banheiro. Se quiser pode trocar de lugar.**
Es que en este horario el tráfico se pone más intenso.	**É que nesse horário o trânsito fica mais intenso.**
En 10 minutos llegaremos.	**Em 10 minutos chegaremos.**
Pueden bajarse del autobús, llegamos a las playas de la costa.	**Podem descer do ônibus, chegamos às praias do litoral.**
Les queremos comunicar que vamos a hacer un pequeño cambio en nuestros planes. Nos quedaremos tres horas aquí y no iremos hasta la playa [Conchitas].	**Queremos lhes comunicar que vamos fazer uma pequena mudança em nossos planos. Ficaremos três horas aqui e não iremos até a praia [Conchitas].**
¿Usted no se quedó/ha quedado satisfecho(a)?	**O/A senhor(a) não ficou satisfeito(a)?**
Pequeños incidentes ocurren.	**Pequenos incidentes acontecem.**
No hacemos devolución del dinero.	**Não fazemos devolução do dinheiro.**
Lamentamos que el viaje no haya sido de su gusto.	**Lamentamos que a viagem não tenha sido do seu agrado.**

DIZENDO A PALAVRA CERTA EM CADA PAÍS

- Estrada equivale a *ruta* na Argentina e *autopista* em Espanha.
- Enquanto os espanhóis preferem o verbo *apresurar* (apressar) e *tardar* (demorar) os latinoamericanos dizem *apurar* e *demorar*.

12 Saúde

PASSANDO MAL

Bata na madeira três vezes para afastar qualquer problema de saúde durante a viagem, mas se algum mal desse tipo o/a importunar (toc, toc, toc!), é melhor saber como pedir ajuda para evitar ter que fazer aquela careta horrível de dor, botar a mão na barriga, no ouvido, na cabeça ou, seja lá onde for, e soltar aquele *aiiiii* ou *uiiii* para comunicar seu mal-estar. Para não precisar apelar para o seu talento teatral em hora tão pouco oportuna, inclua algumas palavras em seu estojo de primeiros socorros. Como diz o ditado: é melhor prevenir do que remediar.

☛ O MÍNIMO QUE É NECESSÁRIO SABER PARA...

Comunicar um mal-estar	
Estou passando mal!	¡Me siento mal!
Chamem um médico.	Llamen a un doctor.
Estou com dor de...* (ver vocabulário extra para doenças)	Me duele...
Estou com febre.	Tengo fiebre.
Tenho alergia a...	Tengo alergia a...
Não tomo remédios.	No tomo medicinas.

Não quero tomar uma injeção. Não tomo injeções.	No quiero ponerme una inyección. No me pongo inyecciones.
Não tenho nenhuma doença.	No tengo ninguna enfermedad.
Sou diábetico e hipertenso.	Soy diabético y hipertenso.
Estou grávida.	Estoy enbarazada.
Tenho que ficar de cama?	¿Tengo que quedarme en cama?

Falar com o farmacêutico

Tem algo para dor de cabeça/nariz entupido/resfriado/dor de ouvido/nas costas/coceira?	¿Tiene algo para el dolor de cabeza/nariz tapado/resfriado/dolor de oído/en la espalda/picazón?
Preciso, também, de um xarope para a tosse.	Necesito, también, un jarabe para la tos.
Esse remédio tem contra-indicações?	¿Esa medicina tiene contraindicaciones?
Posso ler a bula?	¿Puedo leer la receta?
Dão também para crianças e idosos? E para as grávidas?	¿Se la dan también a los niños y ancianos? ¿Y a las embarazadas?
É um produto natural?	¿Es un producto natural?
Não tenho receita médica, mas eu sempre tomo esse remédio. O médico, no Brasil, me receitou esse remédio.	No tengo receta médica, pero yo siempre tomo esa medicina. El doctor, en Brasil, me la recetó.
Também quero mercúriocromo, band-aid e gaze.	También quiero metapío, parche curita y gasa.
Onde estão as camisinhas?	¿Dónde están los condones?
Pode me indicar um colírio?	¿Me puede indicar unas gotas para los ojos?
É só isso. Quanto é?	Sólo eso. ¿Cuánto es?

O QUE OS BRASILEIROS FALAM, O QUE OS NATIVOS ENTENDEM, OU VICE-VERSA...

- Na hora de expressar seu mal-estar por algo que lhe caiu mal, não chegue na farmácia dizendo: Moço, estou enjoada, totalmente tonta. O que posso tomar? É capaz do moço que a/o atender cair na gargalhada. É que em primeiro lugar você chamou o atendente da farmácia de garçom (*mozo*) e, em segundo, disse que estava totalmente boba (*tonta*). A frase correta é: *Oiga, estoy con nauseas y mareada. ¿Qué puedo tomar?*
- O que quer dizer *estoy embarazada?* Acertou se disse: Estou grávida.
- Se você abusar das picantes comidinhas mexicanas, e vier a sofrer o que costuma se chamar de *la venganza de Montezuma,* que dizem culminar em uma terrível dor de barriga, pode pedir *una medicina para la diarrea* – um remédio para a diarréia. Eles certamente vão saber o que lhe indicar.

VOCABULÁRIO EXTRA PARA...

Descrever sintomas

Estou com dor de/coceira no(a)(s)...	Me duele(n)/pica(n) el/la/los/las...
...peito	...pecho
...articulações	...articulaciones
...perna	...pierna
...barriga	...estómago
...pescoço	...cuello
...batata da perna	...pantorrilla
...tornozelo	...tobillo
...boca	...boca
...dentes	...muelas
...cabeça	...cabeza

...coração	...corazón
...costas	...espalda
...dedos do pé	...dedos de los pies
...garganta	...garganta
...joelho	...rodilla
....mão	...mano
...olho	...ojo
...ouvido	...oído
Tenho/Estou...	Tengo...
...com uma bolha	...una ampolla
...os olhos inchados	...los ojos hinchados
...uma queimadura	...una quemadura
...calafrios	...escalofríos
...câimbra	...calambres
...diarréia	...diarrea
...enxaqueca	...jaqueca
....febre	...fiebre
...o nariz entupido	...la nariz tapada
...tosse	...tos

O MÍNIMO QUE O NATIVO PODERÁ DIZER

Médico

¿Qué siente?	O que está sentindo?
¿Dónde le duele/pica?	Onde está doendo/coçando?
¿Qué medicamento suele tomar?	Que remédio costuma tomar?
¿Está embarazada?	A senhora está grávida?

¿Tiene alguna enfermedad?	**Tem alguma doença?**
¿Es alérgico a algo?	**É alérgico a alguma coisa?**
Acuéstese.	**Deite.**
Le voy a medir la presión.	**Vou medir a pressão.**
Tiene que hacer un examen de sangre.	**Tem que fazer um exame de sangue.**
Tiene que sacarse una radiografía.	**Tem que tirar uma radiografia.**
Es mejor que se ponga una inyección.	**É melhor tomar uma injeção.**
¿Ya ha tomado... ?	**Já tomou... ?**
Tiene una infección.	**Tem uma infeccção.**
Tiene que quedarse en cama.	**Tem que ficar de cama.**

Famacêutico

¿Qué le duele?	**O que dói?**
Puede tomar esta medicina.	**Pode tomar este remédio.**
Es bueno para...	**É bom para...**
Puede leer la receta.	**Pode ler a bula.**
No tiene contraindicaciones.	**Não tem contra-indicações.**
Ése no se lo puedo vender/ vendérselo. Se necesita receta médica.	**Esse não posso vender. Precisa de receita médica.**
Contiene sustancias que causan adicción.	**Contém substâncias que causam dependência.**
En el hotel le pueden indicar un doctor.	**No hotel podem lhe indicar um médico.**

Al final de la tienda, al lado derecho, va a encontrar los otros productos que necesita.	No final da loja, do lado direito, vai achar os outros produtos que precisa.
Tenemos estas gotas para los ojos a base de manzanilla. Son para descongestionar la vista.	Temos este colírio à base de camomila. É para descongestionar a vista.
Puede pagar en la caja.	Pode pagar no caixa.

DIZENDO A PALAVRA CERTA EM CADA PAÍS

- A doença e os sintomas são os mesmos, mas as denominações para gripe variam. Os espanhóis dizem *¡qué catarro tengo!,* os argentinos falam em *resfrío,* os mexicanos em *gripa,* e os porto-riquenhos em *monga.*

13 Contratempos

LIDANDO COM NATIVOS MAL-EDUCADOS OU DISPLICENTES

Infelizmente acontece: você chega com um sorriso nos lábios, faz alguma pergunta ou fala alguma coisa no seu melhor espanhol, e o/a nativo(a) resolve ser antipático(a), mal-educado(a) ou displicente. Se for assim, não se aporrinhe, intimide, fique mudo(a) ou parta logo para o enfrentamento. Existem outras possibilidades de resposta. Por exemplo, você pode fazer algum comentário em tom burlesco ou dizer algumas poucas palavras secas, mas capazes de amansar nativos de mal com a vida. E no caso de ter que responder a provocações mais desafiadoras, use uma daquelas respostas clássicas: *¡Eres tú!* – É você!; *¡Es tu madre/abuela!* – É a tua mãe/avô! Depois vá embora rapidinho, pois há coisas bem melhores para se fazer em terras estrangeiras.

O MÍNIMO QUE É NECESSÁRIO SABER PARA...

Enfrentar um nativo pouco educado	
Por que o senhor está falando assim, tão alto? Eu não sou surdo(a). O/A senhor(a) é?	¿Por qué está hablando así, tan alto? Yo no soy sordo(a) ¿Es usted?
O que foi? Dormiu mal ontem de noite?	¿Qué le pasa? ¿Durmió mal anoche?
Eu acho que o/a senhor(a) já entendeu, mas faz que não entende.	Yo creo que usted ya ha entendido, pero se hace el/la que no entiende.

Ai, que cara feia!	**Ay, ¡qué cara fea!**
Se o/a/ senhor(a) sorrisse ficaria com uma aparência mais simpática/mais bonito(a)/melhor.	**Si usted se sonriera/sonriese tendría una aparencia más simpática/se vería más bonito(a)/mejor.**
Caramba! O/A senhor(a) está mole mesmo! Está passando mal?	**¡Caramba!,¡Qué está desganado(a)! ¿Se siente mal?**
O que foi que está tão zangado(a)?	**¿Qué pasa que está tan enojado(a)?**
É impressão minha ou o/a senhor(a) está de má vontade?	**Es impresión mía o ¿está usted de mala gana?**
Sabe com quem está falando?!	**¡Sabe con quien está hablando?**
Calma, o/a senhor(a) está nervoso(a).	**Tranquilo, usted está nervioso(a).**
Escute. Se o/a senhor(a) continuar falando assim, eu não vou comprar nada/vou ter que pedir para chamarem o seu chefe/a polícia.	**Oiga. Si usted sigue hablando así, no voy a comprar nada/ voy a tener que pedir que llamen a su jefe/la policía.**
Por que está tão irritado(a)? O seu chefe é muito chato? Está lhe pagando mal?	**¿Por qué está tan enojado(a)? ¿Su jefe es muy pesado? ¿Le pagan mal?**
Se não está com vontade de me atender pode chamar outro(a) vendedor(a)/pessoa. Eu não me importo.	**Si no tiene ganas de atenderme puede llamar a otro(a) vendedor(a)/persona. A mí no me importa.**
Eu hein? É louco(a)/ruim da cabeça/tem um parafuso a menos?	**¿Qué?¿Es loco(a)/le falla la cabeza/le falta algún tornillo?**
Que mau humor! Eu ia comprar, mas agora não quero mais nada.	**¡Qué mal humor! Yo iba a comprar, pero ahora no quiero nada más.**

Chega! Não quero mais falar com você. Onde está o gerente?	¡Ya, basta! No quiero más hablar con usted. ¿Dónde está el gerente?
Poderia ser um poquinho mais educado(a)?	¿Podría ser un poquito más educado(a)?
Se você não sabe tratar com pessoas, porque trabalha aqui? Deveria procurar outro emprego. Errou de profissão!	Si no sabe tratar con personas, ¿para qué trabaja aquí? Debería buscar otro empleo. Se equivocó/ha equivocado de profesión!
Grosso(a)!	¡Bruto(a)/bestia!
O quê? É você/É a sua mãe/avó!	¿Qué? ¡Eres tú/ Es tu madre/abuela!
Vai você!	¡Ándate tú!
Maluco(a)!	¡Loco(a)!

O QUE OS BRASILEIROS FALAM, O QUE OS NATIVOS ENTENDEM, E VICE-VERSA...

- Não diga para um nativo de espanhol que insiste em falar aos berros para baixar o tom de voz porque você não é *surdo*. Não vai fazer sentido. Surdo é aquele que escreve com a mão esquerda. Logo, você estará pedindo para o outro falar mais baixo porque você não é canhoto. A palavra certa é *sordo*. Diga: *Hable más bajo que yo no soy sordo* – Fale mais baixo que eu não sou surdo.

- *Pesado(a)* além de designar aquilo que possui muito peso, quer dizer chato(a). Portanto, se quiser chamar alguém de chato(a) diga *pesado(a)*.

- Uma pessoa *mal carácter* não é uma pessoa sem ética ou coisa parecida. Trata-se de alguém de gênio explosivo, do tipo que se irrita à toa.

VOCABULÁRIO EXTRA PARA...

Ofensas leves

animal	bestia
bobinho(a)	tontito(a)
bobo(a)	tonto(a)
burro(a)/burrinho(a)	burro(a)/burrito(a)
cara-de-pau	caradura/descarado(a)
chato(a)	pesado(a)
desgraçado(a)	desgraciado(a)
estúpido(a)	grosso(a)
idiota/imbecil	idiota/imbécil/estupido/ tarado(a)
linguarudo(a)	hocicón/hocicona
maluco(a) de pedra	loco(a) de remate
nojento(a)	asqueroso(a)
tarado(a)	degenerado(a)
sem-vergonha	sinverguenza
porco(a)	chancho(a)

O MÍNIMO QUE O NATIVO PODERÁ DIZER

Puede esperar. Ahora estoy ocupado(a).	Pode esperar. Agora estou ocupado(a).
Sí, ya he escuchado.	Sim, já escutei.
No, no soy sordo.	Não, não sou surdo.
No estoy nervioso(a).	Não estou nervoso(a).
No es posible entender lo que usted dice.	Não é possível entender o que diz.
Usted es impaciente.	O/A senhor(a) é impaciente.

Haga lo que quiera.	Faça o que quiser.
¿Y qué le importa eso a usted?	E o que você tem a ver com isso?
El gerente no está.	O gerente não está.
No, no sé con quien estoy hablando ¿Por qué?	Não, não sei com quem estou falando. Por quê?

DIZENDO A PALAVRA CERTA EM CADA PAÍS

- Em lugar de bobo(a), os argentinos e uruguaios costumam dizer *baboso(a)*, os chilenos empregam o termo *jetón/jetona* e os espanhóis, *gilipollas*.

PREVENINDO-SE CONTRA LADRÕES

Tomara que não!, mas como assaltos ocorrem em muitas cidades do mundo, é melhor perguntar sobre as precauções a serem seguidas para não ser pego(a) de surpresa por algum gatuno local. Além disso, deixe em ponto de bala o clássico grito de *socorro*. Para tal, faça antes os ajustes sonoros adequados à língua espanhola, pronunciando o *–rr* forte e áspero, como os gaúchos no Brasil. Caso contrário, o grito poderá não ser compreendido, pois as sílabas finais *(-corro)*, quando pronunciadas, por exemplo, com sotaque carioca, remetem à palavra *cojo* em língua espanhola (som do *–rr* = a som de *–j* em espanhol), que significa *manco*.

O MÍNIMO QUE É NECESSÁRIO SABER PARA...

Enfrentar ladrões	
Há perigo de roubos nessa região?	¿Hay peligro de robos en esa área?
Que violento/tranqüilo!	¡Qué violento/tranquilo!
Meu Deus!, não me conte mais nada. Estou com medo!	¡Por Dios!, no me cuente nada más. ¡Tengo miedo!

E se me roubarem, o que tenho que fazer?	Y si me roban, ¿qué tengo que hacer?
Bom, depois de falar com você/ o/a senhor(a) estou me sentindo pronto para enfrentar qualquer um.	Bueno, después de hablar contigo/usted me siento listo/preparado para enfrentar a cualquiera.
Soooocorro! Ladrão/Ladra! Pega!	¡Soooocorro! ¡Ladrón/Ladrona! ¡Agárrenlo(a)!
Você é guarda? Eu fui roubado!	¿Usted es policía? ¡Me robaron/Han robado!
Foi há pouco. Era um(a) cara/mulher magro(a) de camisa branca.	Ha sido hace poco. Era un(a) tipo/mujer flaco(a) de camisa blanca.
Ele/Ela levou minha sacola com as compras.	Él/Ella se llevó/ha llevado mi bolsa con las compras.
Eu quero minhas compras de volta.	Yo quiero mis compras de vuelta.
Sim, muitas pessoas viram o que aconteceu.	Sí, muchas personas vieron/ han visto lo que pasó/ha pasado.
Saiu correndo nessa direção.	Salió/Ha salido corriendo en esa dirección.
Polícia, esse/essa homem/mulher é ladrão/ladra. Prenda ele/ela!	Policía, ese/esa hombre/mujer es ladrón/ladrona. Me ha robado. ¡Agárrelo(a)/Deténgalo(a)!
Está bem, vamos todos à delegacia.	Está bien, vamos todos a la comisería.

O QUE OS BRASILEIROS FALAM, O QUE OS NATIVOS ENTENDEM, OU VICE-VERSA...

- *Bolsa* quer dizer sacola e *bolso* é bolsa. *El bolso está al lado de la bolsa* – A bolsa está ao lado da sacola.

VOCABULÁRIO EXTRA PARA...

Descrever ladrões

O/A ladrão/ladra era/tinha...	El/La ladrón/ladrona era/tenía...
...uma cicatriz na testa/rosto	...una cicatriz en la frente/cara
...uma tatugem no braço	...un tatuaje en el brazo
...baixinho(a)	...bajito(a)
...louro(a)/cabelo castanho/preto/ruivo(a)	...rubio(a)/pelo castaño/negro/ pelirrojo(a)
...barrigudo(a)	...panzudo(a)
...as pernas tortas	...las piernas chuecas
...gordo/gordão/gordona	...gordo/gordiflón/gordiflona
...um sinal cabeludo no queixo	...un lunar peludo en la pera
...magro/magricelo(a)	...flaco/flacuchento(a)
...feio(a)/bonito(a)	...feo(a)/bonito(a)
...cara de bonzinho/boazinha	...cara de buenito(a)
...uma criança/jovem/velho(a)	...un(a) niño(a)/joven/viejo(a)
...cara de mau/má	...cara de malo(a)
...branco/negro/traços indígenas/ cara de japonês(a)	...blanco(a)/negro(a)/rasgos indígenas/cara de japonés/japonesa
...careca	...pelado
...um(a) colar/pulseira/anel enorme de ouro	...un(a) tremendo(a) collar/ anillo/pulsera de oro.

☺ O MÍNIMO QUE O NATIVO PODERÁ DIZER...

Bueno, usted tiene que tomar cuidado. Robos a turistas pueden ocurrir.	Bom, o/a senhor(a) tem que tomar cuidado. Roubos a turistas podem acontecer.
Ayer no más, vi a una pareja de turistas siendo robados.	Ontem mesmo, vi um casal de turistas sendo roubados.
De noche es más peligroso.	De noite é mais perigoso.
No puede andar con nada de valor, ni deje la cámara muy a la vista.	Não pode andar com nada de valor, nem deixe a câmera muito à vista.
Es mejor tomar/coger (Esp.) un taxi. Pero es mejor pedirlo por teléfono, que sea de una compañia, y pregunte el precio antes. Los de la calle no son muy confiables. Dan muchas vueltas.	É melhor pegar um táxi. Mas é melhor pedir um pelo telefone, para que seja de uma companhia, e pergunte o preço antes. Os da rua não são muito confiáveis. Dão muitas voltas.
De día hay algún peligro, pero es más tranquilo.	De dia, há algum perigo, mas é mais tranqüilo.
Lamentablemente, los ladrones son niños y adultos. Ancianos, que yo sepa, no.	Infelizmente, os ladrões são crianças e adultos. Velhos, que eu saiba, não.
Si deja el bolso colgado en la silla, alguien puede llevárselo. También pueden poner la mano en su bolso o en el bolsillo, de manera que usted ni se da cuenta. Si está con una cadena, pulsera o reloj de valor pueden apuntarle/le pueden apuntar un arma o arrancárselos de un tirón y salir corriendo. Son muy vivos.	Se deixar a bolsa pendurada na cadeira, alguém pode levar. Também podem botar a mão na sua bolsa ou bolso, de maneira que você nem percebe. Se você estiver com uma corrente, pulseira ou relógio de valor podem lhe apontar uma arma ou arrancá-los de um puxão e sair correndo. São muito espertos.

En caso de robo, si hay un policía cerca es mejor hablar con él. No es bueno enfrentar al ladrón. Puede ser peligroso.	Em caso de roubo, se houver algum guarda por perto é melhor falar com ele. Não é bom enfrentar o ladrão. Pode ser perigoso.
No es necesario asustarse. Vaya con cuidado y diviértase.	Não precisa se assustar. Vá com cuidado e se divirta.
¿Por qué grita tanto? ¿Qué le pasa?	Por que está gritando tanto? O que houve?
Yo soy policía ¿Qué pasa?	Eu sou polícia. O que foi?
¿Estaba usted sólo(a) o con alguien más?	O/A senhor(a) estava só ou com mais alguém?
¿Cómo fue?	Como foi?
Tranquilízese. Vamos a ver que podemos hacer.	Fique calmo(a). Vamos ver o que podemos fazer.
¿Estas bolsas son suyas?	Estas sacolas são suas?
Vamos a la comisería a registrar lo ocurrido.	Vamos à delegacia registrar o ocorrido.

DIZENDO A PALAVRA CERTA EM CADA PAÍS

- Palavras para dizer que houve uma grande confusão. ¡*Qué quilombo*! (Argentina), ¡*Qué despelote*! (Venezuela, Chile y Uruguay), ¡*Qué laberinto*! (Peru), ¡*Qué zambote*! (Costa Rica), ¡*Qué follón*! (Espanha), *Cangrejada* (Equador).

14 Contatos com os nativos

CONHECENDO PESSOAS

Quando queremos conhecer alguém, a conversa sempre passa por algumas perguntas básicas: Como você se chama?; O que você faz?; Você estuda ou trabalha?; Onde você mora?; Qual o seu telefone? Embora sejam perguntas fáceis de elaborar, inclusive em outra língua, é um tanto rude formulá-las uma após outra: *oye chica(o), dime: ¿qué haces?, ¿dónde vives?... está bien... ¿estudias?, no... ¿trabajas?, ¿cuál es tu número de teléfono?* Se assim for, provavelmente, você vai passar por nervoso(a) ou afoito(a) e não vai conseguir fazer contato nenhum. Para não causar impressão tão negativa, é melhor praticar antes e depois arriscar.

O MÍNIMO QUE É NECESSÁRIO SABER PARA...

Conhecer um(a) nativo(a)	
Oi, você é daqui?	Hola, ¿tú eres de acá?
Eu sou brasileiro(a). Não conheço bem a cidade. Você se incomodaria de me dar algumas dicas do que posso fazer por aqui?	Yo soy brasilero(a)/brasileño(a). No conozco bien la ciudad. ¿Te molestaría darme alguna idea de lo que puedo hacer por aquí?
Eu gostaria de ir aonde as pessoas normalmente vão.	Me gustaría ir donde la gente normalmente va.
Por exemplo, que coisas as pessoas [de nossa idade] costumam fazer nos fins de semana?	Por ejemplo, ¿qué cosas las personas [de nuestra edad] suelen hacer los fines de semanas?

Parece muito longe. Acho que eu teria que ir de carro, né? Não faz mal, se valer a pena eu dou um jeito.	Parece muy lejos. Creo que tendría que ir en auto, ¿no? No importa, si vale la pena me las arreglo.
Você sempre vai lá?	¿Siempre vas allá?
Não... e o que você faz para se divertir?	No... ¿y qué haces para divertirte?
Tem cara de que gosta de viajar para lugares tranqüilos/ir a discotecas...	Tienes cara que te gusta viajar a lugares tranquilos/ir a discotecas...
Mas, como você se chama mesmo?	Pero, ¿cómo es que te llamas?
Prazer. Eu sou o/a [Gustavo/Fernanda].	Mucho gusto. Yo soy [Gustavo/Fernanda].
Eu estou de férias/morando por algum tempo aqui/em viagem de negócios...	Estoy en vacaciones/viviendo por algún tiempo acá/en viaje de negocios.
E você? O que faz? Trabalha/estuda?	¿Y tú? ¿Qué haces? ¿Trabajas/estudias?
Aqui perto?	¿Aquí cerca?
E mora por aqui também?	¿Y vives por aquí también?
Mas, voltando ao assunto, ouvi falar que tem/há um lugar novo muito bom, que fica no centro, na rua [Rosário]. Sabe qual é?	Pero volviendo al tema, oí/he oído hablar que hay un lugar nuevo muy bueno, que se ubica en el centro, en la calle [Rosario]. ¿Sabes cuál es?
Você conhece? Você gosta de ir lá?	¿Lo conoces? ¿Te gusta ir allá?
Você vai lá hoje/amanhã/no sábado?	¿Vas hoy/mañana/el sábado?
Se você quiser, podemos ir juntos.	Si quieres, podemos ir juntos.

Então, como a gente faz? Você tem telefone?	Entonces, ¿cómo lo hacemos? ¿Tienes teléfono?
Que horas você está em casa?	¿A qué hora estás en casa?
Tá bom, eu te ligo.	Está bien, te llamo.
Obrigado(a) pelas dicas.	Gracias por las informaciones.
Tá bom, até mais/tchau.	Bueno, hasta más tarde/chao.

O QUE OS BRASILEIROS FALAM, O QUE OS NATIVOS ENTENDEM, E VICE-VERSA

- Não troque *sugestión* por *sugerencia*. *Sugestión* diz respeito a aquele estado mental influenciado pelo inconsciente e, *sugerencia* se refere àqueles conselhos ou idéias para mudar algo.
- *Ir a un sitio*, em espanhol, significa ir a um lugar, e não a uma pequena fazenda como poderia se imaginar.

VOCABULÁRIO EXTRA PARA...

Fazer convites

Você quer...	Quieres...
...beber um suco/uma cerveja/algo	...tomar un jugo/una cerveza/algo
...sair para dançar	...salir a bailar
...me acompanhar até [a livraria/ali]	...acompañarme hasta la librería/allí
...sentar um pouco	...sentarte un poco
...ir ao cinema/museu/teatro/à praia	...ir al cine/museo/teatro/a la playa
...conversar mais um pouco	...conversar un rato más
...ir à piscina/tomar algo no hotel onde estou	...ir a la piscina/tomar algo en el hotel donde estoy

☺ O MÍNIMO QUE O NATIVO PODERÁ DIZER

Por supuesto, ¿qué quieres saber?	Claro, o que você quer saber?
Pero, ¿qué tipo de programa quieres hacer? ¿De día o de noche?	Mas que tipo de programa você quer fazer? De dia ou de noite?
Mira, día de semana no hay mucho lo que hacer. El jueves de noche ya empieza el movimiento y puedes ir a/al... El fin de semana hay mucho que hacer.	Olha, dia de semana não há muito o que fazer. Na quinta-feira de noite já começa o agito/há movimento e você pode ir a/ao... .No fim de semana há muita coisa para fazer.
Hay un sitio nuevo muy bonito, que está...	Tem/há um lugar novo muito bonito, que fica...
Bueno, me gusta más...	Bom, eu gosto mais de...
Yo soy más tranquilo(a). Me gusta/gustan leer/los programas culturales/ir al teatro/cine/salir a cenar...	Eu sou mais tranqüilo(a)/gosto de ler/de programas culturais/ ir ao teatro/cinema/jantar fora...
Me llamo Juan/Juana.	Meu nome é Juan/Juana.
Yo trabajo/estudio. [No] es cerca de acá.	Eu trabalho/estudo. [Não] é perto daqui.
Vivo en este barrio/en otro barrio.	Moro neste bairro/em outro bairro.
Ya sé, escuché/he escuchado hablar. Es el/la... Dicen que es muy bueno. Es grande, con tres salones. Es un poco lejos, pero no es dificil llegar hasta allá.	Já sei, escutei falar. É o/a... Dizem que é muito bom. É grande, com três salões. É um pouco longe, mas não é difícil chegar lá.
Pensaba en viajar el fin de semana.	Eu estava pensando em viajar no fim de semana.

Espanhol	Português
Está bien, podemos ir el sábado, si quieres.	Está bem, podemos ir no sábado, se você quiser.
Te voy a dar mi número de celular/móvil. Así me encuentras más facilmente.	Vou te dar meu número de celular. Assim você me acha mais facilmente.

DIZENDO A PALAVRA CERTA EM CADA PAÍS

- Para elogiar algo ou programa num tom mais coloquial (semelhante a legal em português) existem vários termos em espanhol que variam de acordo com o país. Por exemplo, no México, Venezuela e Colômbia é usual a expressão *chévere*. Na Argentina e Uruguai se diz *bárbaro(a)*, *divino(a)*. Para substituir esta linguagem mais coloquial e particular a cada região, é possível utilizar as palavras *bueno*, *muy bueno*, *buenísimo*, como formas atuais e informais quando se deseja elogiar um filme, livro, restaurante e outros lugares ou objetos de entretenimento. As expressões *requete* (Chile) *re* (muito usada na Argentina) e *super* (comum a vários países) também podem acompanhar a palavra *bueno*: *requetebueno*, *rebueno*, *superbueno* para dar maior intensidade.

PEDINDO QUE TIREM UMA FOTO SUA

Fotografias fazem parte da viagem. Mas é muito chato fotografar lindas paisagens ou monumentos históricos incríveis sem a presença sorridente do viajante ou de algum colega (que teve que tirar a foto). Para evitar exclusões, o melhor é pedir a um nativo que faça o papel de fotógrafo. Só não vale restringir o vocabulário a um pedido do tipo, *por favor, foto, clic aqui, ¿sí?* Vá além, veja as frases a seguir, e aproveite para dizer como gostaria de ter a sua fotografia.

O MÍNIMO QUE É NECESSÁRIO SABER PARA...

Pedir que tirem uma fotografia sua

Pode tirar uma foto minha?	¿Puede tomarme una foto?
É só apertar aqui.	Es sólo apretar aquí.
Pode tirar a foto com este fundo.	Puede sacar la foto con este fondo.
Acho que ficou muito séria, não?	Creo que salió muy seria, ¿no?
Dá para tirar outra foto. Agora com este fundo. Mas não pegue o cachorro.	Me puede sacar otra foto. Ahora con este fondo. Pero no saque al perro.
É melhor eu chegar um pouquinho para lá ou para cá? O que o/a senhor(a)/você acha?	¿Es mejor que yo me corra un poquito hacia allá o hacia acá? ¿Qué cree/crees?
Vou fazer uma pose. Quando eu fizer assim com os braços/pernas, o/a senhor(a)/você tira, tá?	Voy a hacer una pose. Cuando yo haga así con los brazos/piernas, usted/tú la saca(s), ¿sí?
Espere aí. Agora sim.	Espérate/Espérese. Ahora sí.
Não cortou minha cabeça, né?	No me cortó/cortaste la cabeza, ¿no?
Agora a última... uma bem bonita, para meu/minha namorado(a)/filho(a)/ meus/minhas amigos(as)/ pais...	Ahora la última... una bien bonita, para mi novio(a)/hijo(a)/ mis amigos(as)/padres...
Você/o/a senhor(a) se incomoda se eu tirar uma foto sua também?	¿Le/Te molesta si te/le tomo una foto también?
Muito obrigado(a). Tchau.	Muchas gracias. Chao.

O QUE OS BRASILEIROS FALAM, O QUE OS NATIVOS ENTENDEM, OU VICE-VERSA...

- *Molestar* não tem nenhuma conotação sexual. Quer dizer apenas incomodar.
- Em espanhol *cachorro* quer dizer filhote de algum mamífero.
- *Tirar* tem vários sentidos. Por exemplo: *No me gusta este vestido, voy a tirarlo* – Não gosto deste vestido, vou jogá-lo fora; *Tírame la pelota* – Joga a bola para mim; *¡No me tires la cola de caballo!* – Não puxa meu rabo-de-cavalo!

VOCABULÁRIO EXTRA PARA...

Fotografias

Quanto custa o filme?	¿Cuánto cuesta el rollo/carrete?
Não tem flash?	¿No tiene flash?
Tem serviço de revelação em uma hora?	¿Tiene servicio de revelado en una hora?
É uma câmara digital.	Es una cámara digital.
A máquina estragou.	La máquina se echó a perder.
Tem que olhar no visor.	Hay que mirar en la pantallita.
A pilha está enferrujada.	La pila está oxidada.
Filme a cores/em preto e branco.	Película en color/blanco y negro.

O MÍNIMO QUE O NATIVO PODERÁ DIZER

Como no.	Pois não.
No soy un fotógrafo de primera, pero si quiere/quieres arriesgar.	Não sou um fotógrafo de primeira, mas se quiser arriscar.
¿Es sólo apretar aquí o hay que hacer algo más?	É só apertar aqui ou tem que fazer mais alguma coisa?

Bueno, voy a tratar.	Bom, vou tentar.
No puedo tomarla con ese fondo. La cámara está contra el sol.	Não dá para tirar com esse fundo. A câmera está contra o sol.
Sonríase/Sonríete un poquito más. Mire/Mira el pajarito. Listo.	Sorria mais um pouquinho. Olha o passarinho. Pronto.
¿Una más?/ Bueno.	Mais uma? Tá bom.
Córrase/Córrete hacia la derecha/izquierda. Ahí, está bien.	Chegue mais para a direita/esquerda. Aí, está bem.
La cámara se atascó/ha atascado. Vá a tener que repetir la pose.	A câmara emperrou. Vai ter que repetir a pose.
Su/Tu pie/brazo derecho/izquierdo/sus piernas no va/van a salir.	Seu pé/braço direito/esquerdo/suas pernas não vai/vão sair.
Creo que salió bien.	Acho que saiu bem.
Usted es/Tú eres/un poquito exigente.	O senhor (a)/você é um pouquinho exigente.
¿Una foto mía? Pero yo no soy nada fotogénico(a).	Uma foto minha? Mas eu não sou nada fotogênico.
Chao, buena suerte.	Tchau, boa sorte.

DIZENDO A PALAVRA CERTA EM CADA PAÍS

- Na Argentina, Uruguai, Paraguai e parte de América Central emprega-se o voseo. Em vez de *tú*, utiliza-se *vos*, o que acarreta uma modificação do verbo em alguns tempos verbais. Por exemplo, *tú eres/ vos sos* – você é.

VIVENDO NOITES *CALIENTES*

Eis que quando você menos espera, um(a) nativo(a) muito interessante resolve lhe dar bola. Papo vem, papo vai, vocês passam a se entender rapidamente e a força do desejo começa a falar mais alto. Para não limitar um momento tão empolgante a frases musicais do tipo *bésame, bésame mucho, como si fuera esta noche la última vez,* botando tudo a perder, veja algumas outras possibilidades que poderão ajudar a embalar uma noite emocionante.

O MÍNIMO QUE É NECESSÁRIO SABER PARA...

Viver uma noite *caliente*	
Você chamou minha atenção assim que te vi.	Me llamaste/has llamado la atención así que te vi.
Quando te vi chegar pensei: mas que mulher/homem interessante. Tenho que conhecê-la(o) esta noite.	Cuando te vi/he visto llegar pensé/he pensado: pero que mujer/hombre interesante. Tengo que conocerlo(a) esta noche.
Com certeza, você é a pessoa mais interessante/bonita que tem aqui.	Seguro que eres la persona más interesante/bonita/guapa(o) que hay aquí.
Como é bonito(a) teu/tua/seu/sua olhar/cabelo/sorriso/corpo/boca.	Qué mirada/pelo/sonrrisa/cuerpo/boca bonita(o) tienes.
Você é alguém/um homem/mulher muito atraente.	Eres alguien/un hombre/mujer muy atractivo(a).
Senti muita vontade de falar com você/contigo.	Sentí/He sentido muchas ganas de hablarte.
Eu gosto de mulheres/homens mais velhos(as)/ gordinhos(as).	Me gustan las mujeres/hombres mayores/gorditas(os).
Você parece ser do tipo que sempre foi atraente, e sempre será. É seu jeito de ser.	Tú pareces ser el tipo que siempre fue/ha sido atractivo(a), y siempre serás. Es tu forma de ser.

Vamos beber um drinque/algo?	¿Vamos a tomar un trago/algo?
Mas eu já falei muito. Agora me fale de você.	Pero yo ya he hablado mucho. Ahora háblame de ti.
Me diz, o que você acha de mim? Tenho alguma chance ou vou ter que ir embora?	Dime, ¿qué piensas de mí? ¿Tengo alguna oportunidad o voy a tener que irme?
O que você acha de se aventurar comigo/com um(a) brasileiro(a) esta noite? Na minha opinião você não se arrependerá.	¿Qué te parece aventurarte conmigo/con un(a) brasilero(a)/brasileño(a) esta noche? En mi opinión no te arrepentirás.
Não é que eu seja convencido(a)/Tão seguro(a) de mim mesmo(a). Só estou tentando ser convincente.	No es que yo sea creído(a)/Tan seguro(a) de mí mismo(a). Apenas trato de ser convincente.
Se você quiser depois poderemos nos relacionar por carta/telegrama/e-mail/telefone.	Si tú quieres después podremos relacionarnos por carta/telegrama/e-mail/teléfono.
Você quer ir para outro lugar onde possamos ficar a sós?	¿Quieres ir a otra parte donde podamos estar a solas?
Para onde iremos? Bom, eu não sou daqui. O que você sugere?	¿Adónde iremos? Bueno, yo no soy de aquí. ¿Qué sugieres?
Que bom que você quis vir para cá!	¡Qué bueno que quisiste venir acá!
Como queria ficar assim com você...	Como quería estar así contigo...
Estava louco(a) para fazer amor com você...	Estaba loco para hacer el amor contigo...
Não sabia como te dizer que estava doido(a) para transar contigo.	No sabía como decirte que estaba loco para acostarme contigo.
Que corpo bonito você tem!	¡Qué cuerpo bonito tienes!

Hmmm, que cheirinho gosotoso/pele macia!	Hmmm, ¡qué perfume rico/piel suavecita tienes!
Dá vontade de te apertar/beijar sem parar.	Me dan ganas de apretarte/besarte sin parar.
Assim... gosta?	Así... ¿te gusta?
Está rindo por quê?	¿Te estás riendo por qué?
Tá com cócegas ou é felicidade?	¿Te hace cosquillas o es felicidad?
Ah é, então farei mais e mais.	Ah sí, entonces lo haré más y más.
Ahhh, você é maravilhoso(a)/incrível...	Ahhh, eres fantástico(a)/increíble...
Vai... me abraça/aperta/beija...	Dale... abrázame/aprétame/bésame...
Por que não? Não gosta?	¿Por qué no? ¿No te gusta?
Não, assim não...	No, así no...
Assim é bom demais...	Así, sí que es bueno...
Você me deixa doido(a)...	Me vuelves loco(a)...
Não agüento mais... vou botar/bota a camisinha...	No aguanto más... voy a ponerme/ponte el condón...
Foi bom demais. Vou querer mais.	Fue/Ha sido demasiado bueno. Voy a querer más.
Fica aqui, pertinho de mim...	Quédate aquí, cerquita de mí...
Sabe de uma coisa, acho que fomos feitos um para o outro.	¿Sabes que?, creo que fuimos hecho uno para el otro.
Também acho que essa noite não vai ter fim.	También creo que esta noche no va a tener fin.

O QUE OS BRASILEIROS FALAM, O QUE OS NATIVOS ENTENDEM, OU VICE-VERSA...

- Se alguém lhe dizer *¡Qué lindo pelo tienes!* não vá fechar a cara pensando que se trata de algum tipo de deboche. O seu interlocutor nativo não vai entender sua reação. Em espanhol, *pelo* quer dizer cabelo. Logo, a frase elogiosa significa: Que cabelo bonito você tem!
- Quando um brasileiro diz a palavra *convencido*, o interlocutor de língua espanhola entende crente/certo de alguma coisa. Por exemplo: *Estás convencido de que ella te va a llamar por telefono después ¡Espérate y verás!* – Você está crente/certo de que ela vai te ligar depois. Espera para ver!

VOCABULÁRIO EXTRA PARA...

Elogiar a pessoa que você está paquerando

Você é atraente....	Eres atractivo(a)...
...perfeito(a)	...perfecto(a)
...um amor	...encantador(a)
...boa gente	...buena gente
...simples	...sencillo(a)
...chamativo(a)	...llamativo(a)
...carismático(a)	...carismático(a)
...ainda por cima inteligente	...más encima inteligente
...bonita demais para mim	...demasiado bonita para mí
...um/uma homem/mulher muito interessante	...un/una hombre/mujer muy interesante
...tão em forma que eu fico até com vergonha de mim mesmo(a)	...tan en forma que me da hasta verguenza de mí mismo(a)
Você tem um tipo diferente.	Tienes un tipo diferente.

Você tem umas pernas!	¡Qué piernas tienes!
Você tem um bumbum!	¡Qué trasero tienes!
Que olhos bonitos!	¡Qué ojos bonitos!
Você tem um olhar doce/ misterioso.	Qué mirada dulce/misteriosa
Você tem um sorriso muito bonito...	Tienes una sonrisa muy bonita...
...um corpo bonito	...un cuerpo bonito
...um umbiguinho charmoso	...un ombliguito encantador
...um queixinho que dá vontade de morder todinho	...una perita que dan ganas de morderla todita
...uma boquinha que dá vontade de beijar	...una boquita que dan ganas de besarla
...um narizinho bonito	...una naricita bonita

O MÍNIMO QUE O NATIVO PODERÁ DIZER

¿Por qué viniste/has venido a hablarme?	Por que você veio falar comigo?
Pero hay mucha gente interesante/bonita aquí.	Mas tem/há muita gente interessante/bonita aqui.
Yo soy gordito(a)/flaquito(a)/bajito(a)/ un poquito panzudito(a)/mayor que tú.	Eu sou gordinho(a)/magrinho(a)/ baixinho(a)/um pouquinho barrigudinho(a)/mais velho(a) que você.
¿Qué encuentro/he encontrado de ti? Simpático(a).	O que eu acho de você? Simpático(a).
¿Te parece poco? Está bien, muy simpático(a) ¿Está mejor así?	Achou pouco? Está bem, muito simpático. Melhor assim?

Es una broma, tú también me llamaste/has llamado mucho la atención.	Estou brincando, você também chamou muito minha atenção.
No sé si quiero aventurarme contigo hoy. Me gustaría conocerte mejor.	Não sei se quero me aventurar com você hoje. Gostaria de conhecer você melhor.
Dame un/dos/tres... diez buen/buenos motivos para aventurarme contigo esta noche.	Me dá um/dois/três... dez bom/bons motivos para me aventurar com você esta noite.
Creo que estás siendo un poco creído(a).	Acho que você está sendo um pouco convencido(a).
Para decir la verdad, me va a encantar conocerte mejor en otra parte.	Para falar a verdade. Eu vou adorar conhecer você melhor em outro lugar.
Vamos a tomar/agarrar (Arg./Urug.)/coger (Esp.) mi auto/un taxi.	Vamos pegar o meu carro/ um táxi.
Llegamos. ¿Qué tal?	Chegamos. Gostou?
También estoy contento(a) de estar aquí contigo.	Também estou contente de estar aqui com você.
Espera sólo un ratito, que estoy apurado(a) para ir al baño.	Espera só um pouquinho, que estou apertado(a) para ir no banheiro.
¿Qué te pasó? ¿Por qué prendiste/has prendido todas las luces?	O que deu em você? Por que você acendeu todas as luzes?
Ahora sí. Así está bueno.	Agora sim. Assim está bom.
También, también, también...	Também, também, também...
¡Qué cariñoso(a) eres! No me esperaba tanto.	Que carinhoso(a) você é! Não esperava tanto.

No pares... continúa...	Não pára... continua...
Está muy bueno...	Está muito bom...
Me gusta, me gusta, me gusta mucho.	Gosto, gosto, gosto muito...
Para, ya está bueno.	Pára, já está bom.
Es que me está dando cosquillas/ganas de reirme.	É que está me dando cosquinhas/vontade de rir.
¿Qué quieres que haga?	O que você quer que eu faça?
Tú sí que eres una locura.	Você sim é que é uma loucura.
Fue/ha sido muy bueno.	Foi muito bom.
Estoy muy contento(a).	Estou muito contente.
Vamos a quedarnos así juntitos.	Vamos ficar assim juntinhos.
Me encantó/ha encantado conocerte.	Adorei te conhecer.

DIZENDO A PALAVRA CERTA EM CADA PAÍS

- Existem várias formas para elogiar a beleza de alguém. No México, Venezuela, Colômbia, Espanha é muito usual a palavra *guapo(a)*. No Chile, diz-se que alguém *es estupendo(a)*.
- Veja algumas formas usuais em alguns países para fazer referência ao termo paquerar: *afilar* (Argentina/Paraguai/Porto Rico), *cargar* (Bolívia/Uruguai), *pinchar* (Chile), *ligar* (Colômbia/Costa Rica/ Cuba/ Espanha/ México/ Nicarágua/ Peru), *levantar* (Panamá).
- A camisinha é normalmente chamada de condón. Na Argentina também possui o nome de *forro*, e na Colômbia, *goma*.

ELOGIANDO AS TERRAS ESTRANGEIRAS

Já notou como todos os nativos tem curiosidade em saber o que o viajante acha da terra deles? Isto porque eles querem que o forasteiro, elogie, fale bem deles e, é claro, *vuelva después*. Por isso, tenha na ponta da língua frases que permitam fazer elogios mil ao povo, cultura, comida, e tudo mais que você tiver apreciado durante a sua viagem.

O MÍNIMO QUE É NECESSÁRIO SABER PARA...

Deixar um nativo orgulhoso de seu país	
Estamos nos divertindo muito. Pena que tenhamos que ir embora. Mas assim que pudermos, voltaremos.	**Lo estamos pasando muy bien. Pena que tengamos que irnos. Pero así que podamos, volveremos.**
Vocês são um povo muito simpático/alegre/gentil/inteligente.	**Ustedes/Vosotros son/sois un pueblo muy simpático/alegre/gentil/inteligente.**
Ontem estive no centro da cidade e fiquei impressionado com a arquitetura. É algo incrível.	**Ayer estuve en el centro y me impresioné con la arquitectura. Es algo increíble.**
As comidas são deliciosas! Se pudesse levava umas *paellas/parrilladas*... para o Brasil.	**¡Las comidas son exquisitas! Si pudiera me llevaba unas paellas/parrilladas... a Brasil.**
Adorei os salgadinhos/aperitivos que costumam servir.	**¡Qué buenas las tapas que sirven!**
Os homens/as mulheres são muito interessantes!	**¡Los hombres/las mujeres son muy interesantes!**
Enquanto eu não comprar uma peça do artesanato não vou sossegar. É maravilhoso!	**Mientras no compre una pieza de la artesanía no me voy a quedar tranquilo(a). ¡Es hermosa!**

Vocês têm muita sorte de morar em uma cidade tão linda.	Ustedes tienen mucha suerte de vivir en una ciudad tan hermosa.
Não acredito que vocês pensem em morar em outro lugar do mundo. Para quê?	¿No creo que ustedes/vosotros piensen/penséis en vivir en otra parte del mundo. ¿Para qué?
Estou admirado(a) com a cultura de vocês! Como as pessoas gostam de ler!	¡Estoy admirado(a) con la cultura de ustedes/vosotros! ¡Cómo le gusta leer a la gente!
É uma cidade tão organizada e limpa.	Es una ciudad tan organizada y limpia.
Vocês sabem como tratar os turistas. Fazem nos sentir em casa.	Ustedes/Vosotros saben/sabéis como tratar a los turistas. Hacen/Hacéis con que nos sintamos en casa.
E a gente pode andar tranqüila pelas ruas até tarde da noite que não tem/há violência. Eu não vi nenhum roubo.	Y uno puede caminar hasta tarde de la noche por las calles que no hay violencia. Yo no vi/he visto ningún robo.
Adorei o senso de humor das pessoas daqui.	Me encanta el sentido del humor de las personas de aquí.
E como são criativos!	¡Y cómo son creativos!
Não tem/há pessoas feias. É um povo muito bonito.	No hay personas feas. Es un pueblo muy bonito.
Acho que vou ficar mais um pouco só para ver se algum(a) espanhol(a)/chileno(a)/ argentino(a)... se apaixona por mim.	Creo que me voy a quedar un poco más a ver si algún/alguna espanhol(a)/chileno(a)/ argentino(a)... se enamora de mí.
Gostaria de morar aqui.	Quisiera vivir acá.
Com certeza virei novamente. E quando eu voltar vou ficar muito mais tempo.	Seguro que vendré nuevamente. Y cuando vuelva voy a quedarme mucho más tiempo.

O QUE OS BRASILEIROS FALAM, O QUE OS NATIVOS ENTENDEM, E VICE-VERSA...

- Não estranhe a seguinte frase: *Encontré la película muy buena* – Achei o filme muito bom. É que o verbo *encontrar*, em espanhol, tanto é utilizado no sentido de encontrar como para expressar opiniões (achar).

VOCABULÁRIO EXTRA PARA...

Elogiar outras terras

É impressionante/incrível/ sensacional.	Es impresionante/increíble/ sensacional.
É um dos lugares mais bonitos que eu já conheci.	Es uno de los lugares más hermosos que ya he conocido.
É tão lindo que dá vontade de gritar/de não dizer nada/ agradecer a Deus.	Es tan lindo que dan ganas de gritar/de no decir nada/ agradecerle a Dios.
Como existem coisas boas/bonitas/bem-feitas no mundo!	¡Cómo exiten cosas buenas/ bonitas/bien hechas en el mundo!
Nunca vi nada igual.	Nunca he visto nada igual.
Estou boquiaberto(a) com tudo.	Estoy boquiabierto(a) con todo.
Que sorte a minha de estar aqui!	¡Qué suerte tengo de estar aquí!
Melhor impossível.	Mejor imposible.

O MÍNIMO QUE O NATIVO PODERÁ DIZER...

Muchas gracias.	Muito obrigado(a).
¿Se está divirtiendo bastante?	Está se divertindo bastante?

Usted es muy amable. Es que todavía no ha tenido la oportunidad de conocernos de verdad.	**Você é muito gentil. É que ainda não teve a oportunidade de nos conhecer de verdade.**
Sí, varios edificios del centro pasaron/han pasado por reparaciones. Por eso se ven tan bien conservados.	**É, vários prédios do centro passaram por uma reforma. Por isso parecem tão bem conservados.**
¿Qué platos ya ha probado?	**Que pratos já experimentou?**
¿Le gustó nuestro aliño?	**Gostou do nosso tempero?**
La artesanía viene del norte/sur. Es un trabajo hecho por los indios/campesinos.	**O artesanato vem do norte/sul. É um trabalho feito pelos índios/camponeses.**
Todo país tiene cosas buenas y malas. Es una cuestión de acostumbrarse.	**Todo país tem coisas boas e ruins. É uma questão de se acostumar.**
Eso es verdad. El gobierno aquí pone mucho dinero en educación y salud.	**Isso é verdade. O governo aqui põe muito dinheiro em educação e saúde.**
Bueno, eso tiene dos lados: uno, que nos gusta recibir extranjeros... la ciudad se pone más alegre; otro que los turistas enriquecen nuestra ciudad. Así que necesitamos de ellos.	**Bom, isso tem dois lados: um que nós gostamos de receber estrangeiros... a cidade fica mais alegre; outro que os turistas enriquecem a nossa cidade. Logo, precisamos deles.**
Sí, por aquí la gente se está siempre riendo/está siempre riéndose. Es la mejor forma de vivir.	**É, por aqui o pessoal está sempre rindo. É o melhor jeito de viver.**
Seguro que le van a llover pretendientes.	**Com certeza vão chover pretendentes.**
¡Vuelva siempre! Será siempre muy bien-venido(a). Y cuando vuelva, venga a vernos.	**Volte sempre! Será sempre muito bem-vindo(a). E quando voltar, venha nos ver.**

DIZENDO A PALAVRA CERTA EM CADA PAÍS

- Qué les vaya bonito (México) – Tudo de bom.
- Qué bacan (Peru) – Que ótimo, excelente.
- Qué gocen (Porto Rico) – Que se divirtam.
- Suerte – (Argentina) – Dita em vez de tchau.

DANDO TCHAU AOS NATIVOS

Fim de viagem: mala cheia, bolso vazio, muitas fotos e ótimas lembranças. Também chegou a hora de se despedir dos nativos que estiveram mais próximos de você. Por falar nisso, já parou para pensar quais serão as últimas palavras que você vai trocar com eles? Se você lembrou de algo cinematográfico, tipo *hasta la vista,* ou de algo mais musical, como *adiós muchachos compañeros de mi vida*, tudo bem, é espanhol, mas se você quiser algo que soe mais original, veja as frases a seguir. Seja como for, antes de dizer *adiós* lembre-se de praticar sempre o seu espanhol, pois as línguas são como uma viagem sem fim, onde sempre há algo novo a descobrir.

O MÍNIMO QUE É NECESSÁRIO SABER PARA...

O momento da despedida	
Amanhã cedinho vou embora.	Mañana tempranito me voy.
Fico triste só de pensar. Por mim eu ficava mais alguns dias.	Me pongo triste sólo de pensar. Por mí me quedaba unos días más.
Mas eu vou voltar.	Pero voy a volver.
Levo ótimas lembranças!	¡Me llevo muy buenas recordaciones!
Foi muito bom ter conhecido vocês!	¡Qué bueno fue/ha sido conocerlos/conoceros!
Por causa de você(s) a viagem foi melhor ainda.	Por su/vuestra causa el viaje fue mejor todavía.

Vou dar para vocês este CD de música brasileira de lembrança.	Les/Os voy a regalar este CD de música brasileña/brasilera de recordación.
Vamos tirar nossa última foto juntos.	Vamos a sacarnos nuestra última foto juntos.
Vocês viram o peruano(a)? Gostaria de tirar uma foto com ele/ela também. É uma figura/muito gente boa.	¿Ustedes/Vosotros han/habéis visto al peruano(a)? Me gustaría sacarme una foto con él/ella también. Es un personaje/muy buena gente.
Estou pensando em passar no café da esquina e tirar uma foto com o garçom.	Estoy pensando en pasar por el café de la esquina y sacarme una foto con el mozo.
Agora vou fazer as últimas compras. Vou gastar meus/minhas últimos(as) pesos/pesetas/dólares.	Ahora voy a hacer las últimas compras. Voy a gastarme/Me voy a gastar los(as) últimos(as) pesos/pesetas/dólares.
Ontem eu vi uma bolsa de viagem bem bonita e em conta. Vou comprá-la porque minha mala não fecha.	Ayer vi un bolso de viaje bien bonito y barato. Voy a comprármelo porque mi maleta no cierra.
Ainda tenho que comprar umas lembranças.	Todavia tengo que comprar unos recuerdos.
De noite, ainda não sei o que fazer. Vocês têm alguma sugestão? Por mim fico acordado(a) até amanhã. Depois eu durmo no avião/Brasil.	De noche, todavía no sé qué hacer. ¿Ustedes/Vosotros tienen/tenéis alguna sugerencia? Por mí me quedo despierto(a) hasta mañana. Después duermo en el avión/Brasil.
Bom, se quiserem visitar o Brasil me liguem. Este é meu número de telefone/e-mail...	Bueno, si quieren/queréis visitar Brasil llámenme por teléfono/telefonead... Este es mi número de teléfono/e-mail...

Se encontrarem o/a peruano(a) podem dar o meu telefone/e-mail para ele(a) e digam que eu mandei um abraço.	Si encuentran el/la peruano(a) le pueden/podéis dar mi teléfono/e-mail y díganle/decidle que le mandé/he mandado un abrazo.
Não se esqueçam de mim porque cuando eu voltar, virei ver vocês.	No se olviden de mí porque cuando yo vuelva, vendré a verlos.
A gente se vê!	¡Nos vemos!

O QUE OS BRASILEIROS FALAM, O QUE OS NATIVOS ENTENDEM, E VICE-VERSA

- O vocábulo *presente* para os nativos de espanhol, é o contrário de ausente. Portanto, se você quiser dizer que vai comprar um presente/presentinho, diga: *Voy a comprar un regalo/regalito*. Caso queira dizer que vai dar de presente um determinado objeto, use o verbo *regalar*. Ex: *Te voy a regalar un libro* – Vou te dar de presente um livro. E se for comentar que vai dar um presente, sem dizer o que é, diga: *Voy a hacer un regalo* – Vou dar um presente.

- Lembre que em espanhol você pode comprar *unos recuerdos,* mas não *recordaciones.* O substantivo *recuerdo* se refere aos presentinhos de menor valor monetário, que têm por objetivo lembrar uma situação – *Un recuerdo de viaje* – Uma lembrança de viagem –, ou mostrar que alguém se lembrou de um outro alguém; *Te traje un recuerdo* – Trouxe uma lembrança para você. Deve ser diferenciado do verbo *recordar* na 3ª pessoa do singular no presente do indicativo. Por exemplo, *Te recuerdo mucho* – Lembro muito de você. O vocábulo *recordaciones* refere-se a uma pessoa, situação etc. guardada na memória. Ex.: *Tengo buenas recordaciones de él* – Tenho boas recordações dele.

VOCABULÁRIO EXTRA PARA...

Despedidas

Lembrarei de vocês para sempre.	Los/Las recordaré para siempre.
Muito obrigada mesmo pelos bons momentos.	Muchas gracias de verdad por los buenos momentos.
Espero encontrá-los(as) novamente.	Espero verlos(as) nuevamente.
Boa sorte!	¡Buena suerte!
¡Tudo de bom!	¡Qué les vaya bien!
Não desapareçam.	No desaparezcan.
Boa viagem!	¡Buen viaje!
Já estou sentindo saudades de vocês.	Ya los/las estoy echando de menos/extrañando.
Se Deus quiser, voltarei logo.	Si Dios quiere, volveré luego.
Acho que eu vou chorar.	Creo que voy a llorar.
Inesquecível.	Inolvidable.

O MÍNIMO QUE O NATIVO PODERÁ DIZER

¿Ya se/os van/vais?	Já vão?
¿No se/os pueden/podéis quedar un poquito más?	Não dá para ficar mais um pouquinho?
Por supuesto, vuelvan/volved no una, pero muchas veces.	Claro, voltem não uma, mas muitas vezes.
¡Qué bueno que les/os ha gustado!	Que bom que gostaram!
Nosotros también simpatizamos/ hemos simpatizado mucho con ustedes/vosotros.	Nós também simpatizamos muito com vocês.

¿Un regalo para nosotros? ¡Qué amable! Muchas gracias.	**Um presente para nós? Que gentil! Muito obrigado(a).**
Por supuesto, vamos a sacarnos una foto juntos. Si pueden/podéis, después nos la mandan/mandad.	**Claro, vamos tirar uma foto juntos. Se puderem, depois mandem para a gente.**
Se la pueden/podéis mostrar a sus/vuestros amigos, pero acuérdense/ acordaos de decirles/decidles que hay personas mucho más bonitas que nosotros por aquí.	**Pode/Podem mostrar para os seus amigos, mas lembrem de dizer que há pessoas bem mais bonitas que nós por aqui.**
El/La [peruano(a)] salió/ha salido temprano.	**O/A [peruano(a)] saiu cedo.**
¿Y qué pretenden/pretended hacer en su/vuestro último día aquí?	**E o que pretendem fazer no seu último dia aqui?**
¿Y ya han/habéis comprado todo lo que querían/queríais?	**E já compraram tudo que queriam?**
¿Por qué no van/vais a una discoteca/a cenar/a un concierto...?	**Por que vocês não vão numa discoteca/ jantar fora/a um show...?**
Eso, tienen/tened que aprovechar bien su/vuestra última noche aquí.	**Isso, têm que aproveitar bem sua última noite aqui.**
Muchas gracias. Mándennos/Mandadnos un e-mail y llámennos por teléfono/telefonead si es que van/vais a volver. Nuestro e-mail/teléfono es... .	**Muito obrigado(a). Mandem um e-mail para a gente e telefonem se forem voltar. Nosso e-mail/telefone é... .**
Buena suerte y vuelvan/volved, serán/seréis muy bienvenidos(as). ¡Buen viaje!	**Boa sorte e voltem, serão muito bem-vindos. Boa viagem!**

DIZENDO A PALAVRA CERTA EM CADA PAÍS

- Para dizer que vai ficar com saudades de algo ou alguém emprega-se principalmente a expressão *echar de menos* (Espanha) e também o verbo *extrañar* em países latinos. Ex.: *Los voy a echar de menos/extrañar* – Vou sentir saudades de vocês.

Parte III

A gramática do viajante

Nesta unidade você vai encontrar:

- Ensinamentos gramaticais indispensáveis para o viajante melhorar sua expressão comunicativa.
- A seção *parece espanhol, mas não é...* contendo os equívocos mais freqüentes de quem fala português e arrisca umas palavras em espanhol.

15 Gramática breve e os equívocos mais freqüentes

INDICAM PESSOAS

yo	**tú**	**él/ella/usted**
nosotros(as)	**vosotros(as)**	**ellos/ellas/ustedes**

Yo hablo español.	Eu falo espanhol.
¿Eres tú brasileño?	Você é brasileiro?
Él siempre está con ella.	Ele sempre está com ela.
¿Va usted a viajar?	O senhor/A senhora vai viajar?
Nosotros nos vamos hoy.	Nós vamos embora hoje.
Creo que el libro está con vosotras.	Acho que o livro está com vocês.
Ustedes hablan mucho.	Vocês falam muito.

PARECE ESPANHOL, MAS NÃO É

PORTUGUÊS	VERSÃO EQUIVOCADA	ESPANHOL
A gente quer comer.	La gente quiere comer.	Nosotros queremos comer.

Lembre: Embora em português a expressão "a gente" queira dizer nós, não tente traduzi-la para o espanhol (la gente) com esse mesmo propósito, pois os nativos terão a impressão que está dizendo as pessoas.

TRATAMENTO INFORMAL E FORMAL

tú/vos

São formas de tratamento informal. *Tú* equivale a você. Na Argentina, Uruguai, Paraguai e países da América Central a forma usual é *vos*.

EXEMPLOS:

Tú eres muy simpático.	Você é/Tu és muito simpático.
Vos sos muy caprichoso.	Você é/Tu és muito teimoso.

usted

Representa um tratamento formal. É usado com pessoas de mais idade ou onde há uma relação hierárquica. Também pode ser empregado pelas duas partes quando está sendo comprado e vendido um produto ou serviço. Por exemplo, no restaurante, ao falar com o garçom, ou no posto de gasolina, ao falar com o frentista. Embora possua um tom mais sério em países como Argentina e México, é usual em outros lugares.

EXEMPLOS:

Quiero ir con usted.	Quero ir com o senhor/a senhora.
Usted no piensa lo que dice antes de hablar.	O senhor/A senhora não pensa o que diz antes de falar.

PARECE ESPANHOL, MAS NÃO É

PORTUGUÊS	VERSÃO EQUIVOCADA	ESPANHOL
O senhor quer um cafezinho?	¿El señor quiere un cafecito?	¿Quiere usted un cafecito?

Lembre: se disser *el señor/la señora* dará a impressão que está se referindo a uma terceira pessoa. O correto é usar *usted*.

vosotros(as)/ustedes

Ambas as formas equivalem a vocês. *Vosotros(as)* é utilizado na Espanha. Em qualquer outro país deve se dizer *ustedes*, pois *vosotros(as)* está em desuso.

TAMBÉM INDICAM PESSOAS

me/mí/conmigo

Ella me dió un libro.	Ela me deu um livro.
Es para mí.	É para mim.
Va conmigo.	Vai comigo.

te/ti/contigo

Él te quiere ver.	Ele quer te ver.
Es para ti.	É para ti.
Voy contigo.	Vou contigo/com você.

se/sí/consigo

Ella(s) se levanta(n) temprano.	Ela(s) se levanta(m) cedo.
Ella(s) sólo piensa(n) en sí misma(s).	Ela(s) só pensa(m) em si mesma(s).
Habla(n) consigo misma(s).	Fala(m) consigo mesma(s).

INDICAM PESSOAS E OBJETOS

lo/los/la/las

Substituem pessoas ou objetos evitando a repetição dos mesmos.

EXEMPLOS:

Yo amo a Roberto.	Eu amo o Roberto.
Yo lo amo. (lo = a Roberto)	Eu o amo.
Él quiere ver a Marta y Marcela.	Ele quer ver a Marta e a Marcela.
Él las quiere ver. (las = Marta y Marcela)	Ele as quer ver.
Dónde está el libro/la revista. Lo/La quiero leer. (lo = libro/ la = revista).	Onde está o livro/a revista. Quero lê-lo/la.

PARECE ESPANHOL, MAS NÃO É

PORTUGUÊS	VERSÃO EQUIVOCADA	ESPANHOL
Vai comprar a blusa?	¿Vas a comprar la blusa?	¿Vas a comprar la blusa?
Vou.	Voy.	Sí, la voy a comprar.

Lembre: Deve-se usar *lo(s)/la(s)* em respostas para substituir pessoas ou objetos. Não é comum o emprego só do verbo, como em português.

le/les

Geralmente se referem a él/ella/usted.

EXEMPLOS:

No le voy a contar nada a él/ella.	Eu não vou lhe contar nada (ou não vou contar nada para ele/ela).

Siempre les escribo.	Sempre lhes escrevo (ou sempre escrevo para eles).
Le compró a usted un libro.	Comprou-lhe um livro (ou comprou um livro para o senhor/a senhora).

PARECE ESPANHOL, MAS NÃO É

PORTUGUÊS	VERSÃO EQUIVOCADA	ESPANHOL
Vou dar as entradas para ele (forma coloquial).	Voy dar las entradas para él.	Le voy a dar las entradas a él.

Lembre: Em espanhol usa-se a repetição dos pronomes. Logo, emprega-se *le/les* e *a él/a ella/a usted* numa mesma frase.

ARTIGOS

	DEFINIDOS		INDEFINIDOS	
masculino	el	los	un	unos
feminino	la	las	una	unas
neutro	lo			

EXEMPLOS:

La comida es muy buena.	A comida é muito boa.
Las maletas están en la habitación.	As malas estão no quarto.
El cine está lejos.	O cinema está longe.
¿Dónde están los muchachos?	Onde estão os rapazes?
Lo bueno de la vida es viajar.	O bom da vida é viajar.

PARECE ESPANHOL, MAS NÃO É

PORTUGUÊS	VERSÃO EQUIVOCADA	ESPANHOL
O livro é bom.	Lo libro es bueno.	El libro es bueno.

Lembre: Para se referir ao masculino se usa *el* e não *lo* (*el amor, el taxi*). *Lo* nunca vem antes de objetos ou pessoas. Em geral, precede particípios (verbos terminados em *–ado* quando regulares), adjetivos ou advérbios. Ex.: Lo mejor es irse al hotel ahora – O melhor é ir para o hotel agora; Ólvidate lo comentado/dicho – Esquece o que foi comentado/dito).

EXEMPLOS:

Quiero un vaso.	Quero um copo.
Quiero unos zapatos nuevos.	Quero uns sapatos novos.

PARECE ESPANHOL, MAS NÃO É

PORTUGUÊS	VERSÃO EQUIVOCADA	ESPANHOL
Quero um chocolate.	Quiero uno chocolate.	Quiero un chocolate.

Lembre: Antes de palavras que indicam um ser masculino usa-se *un* (e não *uno*) Ex.: *Un libro bueno*; *Un caso de amor*. *Uno* em geral substitui o objeto masculino. Ex.: *¿Quieres un sándwich*? – Quer um sanduíche?. *Sí, quiero uno de queso* (*un sándwich*) – Sim, quero um de queijo.

EXEMPLOS:

Quiere una taza de té.	Quer uma xícara de chá.
Voy a traer unas manzanas.	Vou trazer umas maçãs.

PARECE ESPANHOL, MAS NÃO É

PORTUGUÊS	VERSÃO EQUIVOCADA	ESPANHOL
Quero uma outra flor.	Quiero una otra flor.	Quiero otra flor.

Lembre: Se você disser a frase acima, o nativo de espanhol não saberá o que você quer – se uma flor ou outra flor –, pois não se usa *un, una, unos, unas* diante de *otro(s), otra(s)*.

FEMININO E MASCULINO EM LINHA GERAIS

Adjetivos e substantivos terminados em *–o* formam o feminino em *–a*.	Un hombre bueno/una mujer buena. Un niño/una niña.
Adjetivos e substantivos terminados em *–e* são masculinos e femininos.	Un hombre/mujer inteligente. Un/una estudiante.
Substantivos terminados em consoante acrescentam *–a* para formar o feminino.	Él es doctor y ella, doctora.
Há palavras que são femininas em espanhol e masculinas em português, ou vice-versa.	el cutis – a cútis; el desorden – a desordem; la sal – o sal; la sonrisa – o sorriso; la postal – o postal; el mango – a manga (fruta); el origen – a origem, etc.

PARECE ESPANHOL, MAS NÃO É

PORTUGUÊS	VERSÃO EQUIVOCADA	ESPANHOL
O samba é uma dança alegre.	El samba es una danza alegre.	La samba es una danza alegre.

Vocábulos terminados em *–aje* são geralmente masculinos em espanhol, embora muito deles sejam femininos em português e terminem em *–agem*. Ex.: el aprendizaje – a aprendizagem, el aterrizaje – a aterrissagem, el bagaje – a bagagem, el carruaje – a carruagem, el hospedaje – a hospedagem, el maquillaje – a maquiagem, el paisaje – a paisagem, el viaje – a viagem.

PARECE ESPANHOL, MAS NÃO É

PORTUGUÊS	VERSÃO EQUIVOCADA	ESPANHOL
Onde é a garagem?	¿Dónde es la garaje?	¿Dónde es el garaje?

SINGULAR E PLURAL EM LINHAS GERAIS

Substantivos terminados em vogal (sem acento) fazem plural em *–s*.	casa – casas; rosa – rosas; libro – libros.
Adjetivos e substantivos terminados em consoante ou vogal (acentuada) fazem plural em *–es*.	soñador – soñadores; ley – leyes israelí – israelíes.

PARECE ESPANHOL, MAS NÃO É

PORTUGUÊS	VERSÃO EQUIVOCADA	ESPANHOL
Os trens partem cedo.	Los trens parten temprano.	Los trenes parten temprano.

PARA LOCALIZAR E INDICAR PESSOAS E OBJETOS NO TEMPO E ESPAÇO

Perto de quem fala

este	estos	esta	estas	esto

EXEMPLOS:

No me gusta este vestido.	Não gosto deste vestido.
Estos libros son muy buenos.	Estes livros são muito bons.
Esta tienda es nueva.	Esta loja é nova.
Estas ropas son muy abrigadas	Estas roupas são muito quentes.
¿Qué es esto?	O que é isto?

Perto daquele com quem se fala

ese	esos	esa	esas	eso

EXEMPLOS:

Ese día fue inolvidable.	Esse dia foi inesquecível.
Esos muchachos son muy raros.	Esses rapazes são muito esquisitos.
Esa niña es muy bonita.	Essa menina é muito bonita.
Esas hermanas no se parecen en nada.	Essas irmãs não se parecem em nada.
¿Qué es eso?	O que é isso?

Longe das duas pessoas que falam

aquel	aquellos	aquella	aquellas	aquello

EXEMPLOS:

Aquel día nos divertimos mucho.	Aquele dia nos divertimos muito.
Aquellos muchachos son muy flacos.	Aqueles rapazes são muito magros.
Aquella profesora era pesada.	Aquela professora era chata.
Aquellas mañanas no vuelven más.	Aquelas manhãs não voltam mais.
No sé porqué aquello sucedió.	Não sei porque aquilo aconteceu.

PARECE ESPANHOL, MAS NÃO É

PORTUGUÊS	VERSÃO EQUIVOCADA	ESPANHOL
Estes são meus talheres.	Estes son mis servicios.	Estos son mis servicios.
Esses anéis são teus.	Eses anillos son tuyos.	Esos anillos son tuyos.
Aquele rapaz é meu primo.	Aquello muchacho es mi primo.	Aquel muchacho es mi primo.

Perto de quem fala	Próximo da pessoa com que se fala ou a uma distância pequena de quem fala	Longe das duas pessoas que falam
aquí/acá	ahí/allí	allá

EXEMPLOS:

Ven acá.	Vem cá.
Ahí/Allí está el reloj.	Aí/Ali está o relógio.
No voy allá, es muy lejos.	Não vou lá, é muito longe.

PARA DIZER QUE UM OBJETO PERTENCE A ALGUÉM

Antes do objeto possuído	Após o objeto possuído
mi	mío(s)/mía(s)
tu	tuyo(s)/tuya(s)
su(s)	suyo(s)/suya(s)
nuestro(s)/nuestra(s)	nuestro(s)/nuestra(s)
vuestro(s)/vuestra(s)	vuestro(s)/vuestra(s)
su(s)	suyo(s)/suya(s)

EXEMPLOS:

Es mi bolsa. La bolsa es mía.	É minha sacola. A sacola é minha.
Es tu maleta La maleta es tuya.	É tua mala. A mala é tua.
Es su cuaderno El cuaderno es suyo.	É seu caderno. O caderno é seu.
Nuestra casa es vuestra.	Nossa casa é sua/vossa (de vocês).

PARECE ESPANHOL, MAS, NÃO É

PORTUGUÊS	VERSÃO EQUIVOCADA	ESPANHOL
Este é meu copo e esse é seu.	Este es mío vaso y ese es su.	Este es mi vaso y ese es suyo.

PARA FALAR DE FATOS PRESENTES

Expressões: ahora, hoy (hoje), en este momento, ya, mañana (futuro próximo).

Verbos

hablar	beber	vivir
hablo	bebo	vivo
hablas	bebes	vives
habla	bebe	vive
hablamos	bebemos	vivimos
habláis	bebéis	vivís
hablan	beben	viven

Para outros verbos com as mesmas terminações neste tempo verbal ver páginas 160.

EXEMPLOS:

No hablo más contigo hoy.	Não falo mais contigo hoje.
Ahora come de todo.	Agora come de tudo.
Vive lejos.	Mora longe.

PARECE ESPANHOL, MAS, NÃO É

PORTUGUÊS	VERSÃO EQUIVOCADA	ESPANHOL
Eles falam alemão.	Ellos hablam alemán.	Ellos hablan alemán.

Lembre: Não existem palavras em espanhol terminadas em *m*.

VERBOS COM DITONGOS

Há quem adore caprichar nos ditongos quando quer falar espanhol, mas é melhor cuidar dos exageros. O fato se dá com alguns verbos (não todos!).

querer	quiero	quieres	quiere	queremos	queréis	quieren
poder	puedo	puedes	puede	podemos	podéis	pueden

Obs.: *e* vira *ie* e *o* vira *ue* em todas as pessoas, menos em *nosotros* e *vosotros*.

LEMBRE:

Como querer se conjugam atravesar, cerrar (fechar), comenzar, empezar (começar), entender, gobernar, herir (ferir), invertir (investir), mentir, sentir, temblar (tremer), pensar, perder.

Como poder se conjugam contar, almorzar (almoçar), dormir, envolver (embrulhar), mover, mostrar, probar, recordar, reforzar, resolver, soñar, volar, volver (voltar).

PARECE ESPANHOL, MAS, NÃO É

PORTUGUÊS	VERSÃO EQUIVOCADA	ESPANHOL
Prefiro vinho.	Prefiro vino.	Prefiero vino.
Não bebo leite.	No biebo leche.	No bebo leche.

Outros verbos irregulares usuais

dar	doy	das	da	damos	dais	dan
ir	voy	vas	va	vamos	vais	van
ser	soy	eres	es	somos	sois	son
estar	estoy	estás	está	estamos	estáis	están
tener	tengo	tienes	tiene	tenemos	tenéis	tienen
venir	vengo	vienes	viene	venimos	venís	vienen
salir	salgo	sales	sale	salimos	salís	salen
oir	oigo	oyes	oye	oímos	oís	oyen
traer	traigo	traes	trae	traemos	traéis	traen
poner	pongo	pones	pone	ponemos	ponéis	ponen

PARA SE REFERIR A AÇÕES REALIZADAS NO MOMENTO EM QUE SE FALA

Gerúndio

	* pasear	ver	vivir
estoy			
estás			
está	pase**ando**	vi**endo**	viv**iendo**
estamos			
estáis			
están			

*Para outros verbos com as mesmas terminações neste tempo verbal ver página 160.

Exemplos:

Estoy paseando mucho.	Estou passeando muito.
Están comiendo mucho.	Estão comendo muito.
En este momento estamos escribiendo.	Neste momento estamos escrevendo.

PARECE ESPANHOL, MAS NÃO É

PORTUGUÊS	VERSÃO EQUIVOCADA	ESPANHOL
Eles estão conhecendo a cidade.	Ellos están conocendo la ciudad.	Ellos están conociendo la ciudad.
Estou vivendo a vida.	Estoy vivendo la vida.	Estoy viviendo la vida.

PARA FALAR DE FATOS PASSADOS

Expressões: ayer (ontem), anteayer (anteontem), anoche (ontem à noite), semana pasada /mes/año pasado, en 2000...

Verbos

viajar	comer	salir (sair)
viajé	comí	salí
viajaste	comiste	saliste
viajó	comió	salió
viajamos	comimos	salimos
viajasteis	comisteis	salisteis
viajaron	comieron	salieron

Para outros verbos com as mesmas terminações neste tempo verbal ver página 160.

EXEMPLOS:

No viajaron ayer.	Não viajaram ontem.
Não comeu quase nada.	No comió casi nada.
Salió muy temprano el martes pasado.	Saiu muito cedo na terça-feira passada.

PARECE ESPANHOL, MAS NÃO É

PORTUGUÊS	VERSÃO EQUIVOCADA	ESPANHOL
Eu amei.	Yo amei.	Yo amé.
Ele não me explicou.	Él no me explicou.	Él no me explicó.
Todos saíram de manhã.	Todos saliram de mañana.	Todos salieron de mañana.

Vebos irregulares usuais

tener	tuve	tuviste	tuvo	tuvimos	tuvisteis	tuvieron
estar	estuve	estuviste	estuvo	estuvimos	estuvisteis	estuvieron
hacer	hice	hiciste	hizo	hicimos	hicisteis	hicieron
querer	quise	quisiste	quiso	quisimos	quisisteis	quisieron
venir	vine	viniste	vino	vinimos	vinisteis	vinieron
saber	supe	supiste	supo	supimos	supisteis	supieron
poner	puse	pusiste	puso	pusimos	pusisteis	pusieron
poder	pude	pudiste	pudo	pudimos	pudisteis	pudieron
ir/ser	fui	fuiste	fue	fuimos	fuisteis	fueron
traer	traje	trajiste	trajo	trajimos	trajisteis	trajeron
decir	dije	dijisteis	dijo	dijimos	dijisteis	dijeron

PASSADO RECENTE

EXPRESSÕES: hoy, esta mañana/ tarde/ noche, este mes, año (ano), todavía/aún no... (ainda não), ya, hace poco (faz pouco), mañana (amanhã).

	*		
he	habl**ar**	com**er**	ped**ir**
has			
ha	habl**ado**	com**ido**	ped**ido**
hemos			
habéis			
han			

Para outros verbos com as mesmas terminações neste tempo verbal ver página 160.

EXEMPLOS:

Hoy he estado muy contenta.	Hoje estive muito contente.
Esta semana he trabajado mucho.	Esta semana trabalhei muito.
Esta noche no he dormido bien.	Esta noite não dormi bem.

PARECE ESPANHOL, MAS NÃO É

PORTUGUÊS	VERSÃO EQUIVOCADA	ESPANHOL
Nós nos divertimos muito.	Nosotros nos habemos/temos/tenemos divertido mucho.	Nosotros nos hemos divertido mucho.

LEMBRE: A frase *nos hemos divertido mucho*, não significa temos nos divertido muito, como poderia se supor. Sua equivalente em português é me diverti muito.

Obs.: Os espanhóis tendem a usar mais o *pasado compuesto* (he hablado), e os latino-americanos, o *pasado simple* (hablé), independente de se referirem a fatos recentes ou distantes no tempo.

PARA DESCREVER UMA SITUAÇÃO PASSADA E HABITUAL

EXPRESSÕES: en aquella época (naquela época), cuando era niño (cuando era criança) etc.

Verbos

viajar	comer	salir (sair)
viaj**aba**	com**ía**	sal**ía**
viaj**aba**	com**ías**	sal**ías**
viaj**abas**	com**ía**	sal**ía**
viaj**ábamos**	com**íamos**	sal**íamos**
viaj**abais**	com**íais**	sal**íais**
viaj**aban**	com**ían**	sal**ían**

En aquella época, vivía en Uruguay.	Naquela época, morava no Uruguai.

Verbos irregulares

ser – era, eras, era, éramos, erais, eran	**ir** – iba, ibas, iba, íbamos, ibais, iban

PARECE ESPANHOL, MAS NÃO É

PORTUGUÊS	VERSÃO EQUIVOCADA	ESPANHOL
Eu tinha que falar.	Yo tiña que hablar.	Yo tenía que hablar.

LEMBRE: diferentemente do português, só *ser* e *estar* são irregulares nesta forma verbal. Qualquer outro verbo acrescenta as terminações mostradas na tabela anterior.

PARA FALAR DE FATOS FUTUROS

EXPRESSÕES: mañana (amanhã), pasado mañana (depois de amanhã), mañana de mañana (amanhã de manhã), final de semana que viene (que vem), próximo mes/año (ano) etc.

Verbos

hablar	entender	pedir
habl**aré**	entend**eré**	ped**iré**
habl**arás**	entend**erás**	ped**irás**
habl**ará**	entend**erá**	ped**irá**
habl**aremos**	entend**eremos**	ped**iremos**
habl**aréis**	entend**eréis**	ped**iréis**
habl**arán**	entend**erán**	ped**irán**

*Para outros verbos com as mesmas terminações neste tempo verbal ver página 160.

EXEMPLOS:

Mañana aprenderé el camino.	Amanhã aprenderei o caminho.
Pasado mañana hablaré con Pedro.	Depois de amanhã falarei com o Pedro.
Recibiremos las fotos mañana de mañana.	Receberemos as fotos amanhã de manhã.

OUTRA FORMA PARA FALAR NO FUTURO

Ir + a + verbo infinitivo

ir		
voy		trabajar
vas		jugar (brincar)
va	a	venir (vir)
vamos		bailar (dançar)
vais		leer
van		

EXEMPLOS:

Voy a llamar a Juan mañana.	Vou ligar para Juan amanhã.
Vamos a salir temprano.	Vamos sair cedo.
Semana que viene no voy a trabajar.	Semana que vem não vou trabalhar.

PARECE ESPANHOL, MAS NÃO É

PORTUGUÊS	VERSÃO EQUIVOCADA	ESPANHOL
Fecharei a porta.	Cerrarei la puerta.	Cerraré la puerta.
As lojas abrirão amanhã?	¿Las tiendas abrirón mañana?	¿Las tiendas abrirán mañana?
Amanhã vou viajar.	Mañana voy viajar.	Mañana voy a viajar.

PARA EXPRESSAR DÚVIDA, DESEJO E PROBABILIDADE

EXPRESSÕES: tal vez, quizá (talvez), ojalá (tomara), espero que, deseo que (desejo que), es probable que (é provável que) etc.

viaj**ar**	com**er**	abr**ir**
viaj**e**	com**a**	abr**a**
viaj**es**	com**as**	abr**as**
viaj**e**	com**a**	abr**a**
viaj**emos**	com**amos**	abr**amos**
viaj**éis**	com**áis**	abr**áis**
viaj**en**	com**an**	abr**an**

Para outros verbos com as mesmas terminações neste tempo verbal ver página 160.

PARECE ESPANHOL, MAS NÃO É

PORTUGUÊS	VERSÃO EQUIVOCADA	ESPANHOL
Talvez cheguem cedo.	Tal vez lleguem temprano.	Tal vez lleguen temprano.

Lembre: não há palavras em espanhol terminadas em *–m*.

PARA DIZER DO QUE GOSTA OU NÃO

O verbo gostar (*gustar*) não pode faltar na bagagem do viajante. Ele possui uma forma diferente do português.

(a mí)	me		hablar español.
(a ti)	te	gusta	el fútbol. la vida.
(a él, ella, usted)	le		
(a nosotros)	nos		
(a vosotros)	os		las frutas.
(a ellos, ellas, ustedes)	les	gustan	los dulces (doces)

LEMBRE: *gustar* varia em singular e plural e é acompanhado por pronomes (os que aparecem entre parênteses são opcionais, servindo para dar ênfase).

SAIBA MAIS UM POUCO:

- **No presente:** gusta/gustan. Ex.: Me gusta viajar/ gustan los hoteles grandes – Gosto de viajar/dos hotéis grandes.
- **No passado:** gustó/gustaron. Ex.: No le gustó el restaurante/gustaron los pastelitos – Não gostou do restaurante/dos docinhos.
- **No futuro:** gustará/gustarán. Ex.: Seguro que te gustará el hotel/gustarán las cabañas en la playa – Certamente você gostará do hotel/das cabanas na praia.
- **Em caso de dúvida:** guste/gusten. Ex.: Quizá me guste /gusten – Talvez eu goste.

ANEXO

Outros verbos

Verbos importantes que se conjugam da mesma forma que os mencionados nas tabelas. É só tirar as terminações –ar, –er, –ir para achar a raiz do verbo e acrescentar as terminações correspondentes indicadas em negrito.

-ar: **am**ar, **alquil**ar (alugar), **amenaz**ar (ameaçar), **ayud**ar (ajudar), **compr**ar, **empuj**ar (empurrar), **esper**ar, **explic**ar, **invit**ar (convidar), **pag**ar, **pregunt**ar (perguntar), **salud**ar (cumprimentar), **viaj**ar.

-er: **beb**er, **aprend**er, **deb**er, **cos**er (costurar), **escond**er, **socorr**er, **tej**er (tecer/tricotar), **vend**er.

-ir: **viv**ir (viver/morar), **añad**ir (acrescentar), **compart**ir (compartilhar), **consum**ir, **decid**ir, **part**ir, **permit**ir, **prohib**ir, **recib**ir, **sub**ir.

INFORMAÇÕES EXTRAS

1. Letreiros e placas de uso freqüente

Loja

Aceitamos Visa/Mastercard, Diners, American Express	Aceptamos Visa/Mastercard, Diners, American Express.
Aberto 24 horas	Abierto las 24 horas del día
Liquidação	Liquidación
Liquidação de ponta de estoque	Liquidación de saldos
Liquidação de verão/inverno	Liquidación de verano/invierno
Fala-se alemão/chinês/espanhol/francês/inglês/italiano/japonês/português	Se habla alemán/chino/español/francés/inglés/italiano/japonés/portugués
Não aceitamos cartões de crédito	No aceptamos tarjetas de crédito
Promoções	Rebajas

Banheiro

Sanitarios	Aseos
Homens/cavalheiros	Hombres/caballeros/varón (Arg.)
Mulheres/damas	Mujeres/damas

Placas de saída, acesso proibido e permitido

Acesso proibido	Paso prohibido
Acesso só para funcionários	Exclusivo para funcionarios
Área de fumantes	Área de fumadores
Espaço reservado para deficientes	Exclusivo para descapacitados
Empurre	Empuje
Proibido fumar	Prohibido fumar
Proibido estacionar	Prohibido aparcar
Puxe	Tire
Saída de emergência	Salida de emergencia
Sem saída	Sin salida
Vedado o acesso a pessoas não autorizadas	Prohibido el paso sin autorización

Avisos de trânsito/Estrada

Anel rodoviário	Carretera de circunvalación
Alfândega	Aduana
Apagar faróis altos	Apagar luces de cruce
Caminho de pedestres	Paso de peatones
Cruzamento	Cruce
Dê passagem	Ceda el paso
Estacionamento	Aparcamiento
Estrada interrompida	Carretera cortada
Pedágio	Peaje
Perigo	Peligro
Rua sem saída	Callejón sin salida

Praia

Alugam-se barcos	Alquiler de barcos
Alugam-se bicicletas	Alquiler de bicicletas
Alugam-se guarda-sóis	Alquiler de sombrillas
Alugam-se espreguiçadeiras	Alquiler de tumbonas
Aluguel de pranchas	Alquiler de tablas

2. Numerais

Cardinais

1	uno/un/una	30	treinta
2	dos	35	treinta y cinco
3	tres	40	cuarenta
4	cuatro	43	cuarenta y tres
5	cinco	50	cincuenta
6	seis	56	cincuenta y seis
7	siete	60	sesenta
8	ocho	68	sesenta y ocho
9	nueve	70	setenta
10	diez	74	setenta y cuatro
11	once	80	ochenta
12	doce	87	ochenta y siete
13	trece	90	noventa
14	catorce	92	noventa y dos
15	quince	100	cien
16	dieciséis	101	ciento uno
17	diecisiete	110	ciento diez
18	dieciocho	200	doscientos
19	diecinueve	203	doscientos tres
20	veinte	300	trescientos
21	veintiuno/	301	trescientos uno/un
	veintiún	330	trescientos treinta
		400	cuatrocientos

500	quinientos
506	quinientos seis
600	seiscientos
699	seiscientos noventa y nueve
700	setecientos
723	setecientos veintitrés
800	ochocientos
888	ochocientos ochenta y ocho
900	novecientos
906	novecientos seis
1000	mil
1002	mil dos
1 000 000	un millón
2 000 000	dos millones
1 000 000 000	mil millones (Esp.) un billón (outros países)

LEMBRE:

O número *dos* não varia. Logo: *dos hombres/dos mujeres* – dois homens/duas mulheres.

O *billón* da Espanha corresponde ao trilhão no Brasil e o *trillón* ao quintilhão.

Espanha	Brasil
Billón = 1.000.000.000.000	Bilhão = 1.000.000.000
Trillón = 1.000.000.000.000.000.000	Trilhão = 1.000.000.000.000

Obs.: O mesmo não ocorre em outros países de língua espanhola onde o *billón* e *trillón* possuem a mesma correspondência numérica que o bilhão e trilhão brasileiros.

Ordinais

1º	primer/primero	16º	décimosexto
2º	segundo	17º	décimoseptimo
3º	tercero	18º	décimoctavo
4º	cuarto	19º	décimonoveno
5º	quinto	20º	vigésimo
6º	sexto	30º	trigésimo
7º	séptimo	40º	cuadrigésimo
8º	octavo	50º	quincuagésimo
9º	noveno	60º	sexagésimo
10º	décimo	70º	septuagésimo
11º	undécimo	80º	octogésimo
12º	duodécimo	90º	nonagésimo
13º	décimotercero/ décimotercer	100º	centésimo
14º	décimocuarto	1.000º	milésimo
15º	décimoquinto		

3. Países onde o espanhol é língua oficial

Argentina	Guinea Ecuatorial
Bolivia	Honduras
Chile	Méjico
Colombia	Nicaragua
Costa Rica	Paraguay
Cuba	Perú
Ecuador	Puerto Rico
El Salvador	República Dominicana
España	Uruguay
Guatemala	Venezuela

CONHEÇA TAMBÉM:

COMO DIZER TUDO EM INGLÊS EM VIAGENS

ISBN: 978-85-352-1246-4 ou
ISBN: 85-352-1246-9
Páginas: 224

COMO DIZER TUDO EM ALEMÃO EM VIAGENS

ISBN: 978-85-352-2155-8 ou
ISBN: 85-352-2155-7
Páginas: 200

COMO DIZER TUDO EM INGLÊS - AVANÇADO

ISBN: 978-85-352-1247-1 ou
ISBN: 85-352-1247-7
Páginas: 296

ESPANHOL PARA O VESTIBULAR

ISBN: 978-85-352-1881-7 ou
ISBN: 85-352-1881-5
Páginas: 272

CONHEÇA TAMBÉM:

COMO DIZER TUDO EM ESPANHOL

ISBN: 978-85-352-0889-4 ou
ISBN: 85-352-0889-5
Páginas: 264

ESPANHOL URGENTE!
PARA BRASILEIROS

ISBN: 978-85-352-0642-5 ou
ISBN: 85-352-0642-6
Páginas: 336

COMO ESCREVER TUDO
EM ESPANHOL

ISBN: 978-85-352-1014-9 ou
ISBN: 85-352-1014-8
Páginas: 224

COMO DIZER TUDO EM ESPANHOL
NOS NEGÓCIOS

ISBN: 978-85-352-1345-4 ou
ISBN: 85-352-1345-7
Páginas: 256

VOZES IMPRIMIU